PROMENADES

DANS MARSEILLE

TYPOGRAPHIE ARNAUD ET COMP., CANNEBIÈRE, 10, MARSEILLE.

HENRI VERNE

PROMENADES

DANS

MARSEILLE

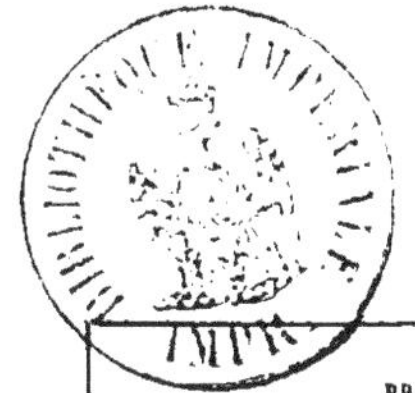

PROMENADES DANS MARSEILLE.

LE NOUVEAU SANCTUAIRE DE NOTRE-DAME-DE-LA-GARDE.

LA FUTURE ÉGLISE DE SAINT-VINCENT-DE-PAUL.

D'UN PALAIS DES ARTS
COMPRENANT UN MUSÉE HISTORIQUE DE MARSEILLE.

DES FONTAINES PUBLIQUES A CRÉER.

DU REBOISEMENT DE LA COLLINE DE NOTRE-DAME-DE-LA-GARDE.

CONSIDÉRATIONS SUR LE PLAN DES VIEUX QUARTIERS.

COUP-D'OEIL SUR L'HISTOIRE DE MARSEILLE, ETC.

MARSEILLE
CAMOIN FRÈRES, LIBRAIRES-ÉDITEURS
Rue Saint-Ferréol, 4.

1862

PRÉFACE.

Est-il permis à un libraire d'écrire une préface en faveur de l'œuvre qu'il édite ? — Non, à notre avis. Aussi, n'est-ce pas comme éditeurs que nous faisons précéder le travail de M. Henri Verne de quelques réflexions ; mais nous sommes Marseillais, et c'est à ce titre que nous prenons la parole.

A une époque peu reculée, un éditeur n'aurait certainement pas eu la pensée de publier ce livre, qui aurait paru destiné à soulever bien des colères ou à ne rencontrer qu'une indifférence dédaigneuse.

Dieu merci ! le temps a apporté dans les esprits de grandes améliorations. Nos pères n'auraient jamais voulu entendre parler d'un écrit, dans lequel la régénération complète de notre antique cité aurait été demandée, indiquée, tracée de la manière la plus heureuse. Ils aimaient Marseille, sans aucun doute, mais ils l'aimaient à leur façon, tout autrement que nous. Ils entouraient d'un tel respect les choses de la patrie qu'ils se faisaient un devoir de conserver pieusement tout ce qui leur rappelait les souvenirs des siècles reculés. Quelle n'aurait pas été leur douleur s'ils avaient préconçu les changements radicaux auxquels nous sommes heureux d'assister !

Nous nous rappelons un négociant, bien connu dans notre ville par ses qualités de cœur autant que par sa fortune : il avait dix mille *livres* de rente, la richesse d'alors !!! Le jour où l'édilité fit enlever du Cours — depuis, le cours Belsunce — les Méduses, ces deux abreuvoirs pompeusement décorés du nom de fontaines, M. B****, pris d'un saint accès d'indignation patriotique, quitta une ville où l'on ne respectait plus les créations du passé. Il se retira à la campagne, jurant de ne plus remettre les pieds à Marseille, et tint son serment. Se figure-t-on M. B**** , sortant aujourd'hui de sa tombe , et rentrant dans la vie par la Cannebière prolongée.

L'immuabilité du sol était en quelque sorte un culte pour nos devanciers. Nous avons appris à sacrifier résolûment aux intérêts généraux notre amour pour les choses d'autrefois.

Où est donc cette Tourette , sur laquelle nos pères aimaient à deviser, en compagnie de vieux pêcheurs, devant les flots de leur paisible Méditerranée? Qu'est devenue cette rue Noailles, dont les magasins , modestement somptueux, faisaient déjà frémir nos pères économes ? Où sont les quais étroits de notre vieux port , qui permettait aux beauprés indiscrets de pénétrer, sans façon, par les fenêtres, dans les maisons riveraines? Que seront dans quelques jours ces vieux quartiers, jadis peuplés de riches négociants, de consuls et d'échevins ?

Des quais immenses, animés par la vie commerciale, se déroulent à l'infini sur des rivages hier encore déserts. De grandes artères s'ouvrent au centre de la vieille ville, et tout un peuple dépaysé vient établir ses nouveaux pénates le long de cette mer azurée, dont il craindrait de perdre le magique spectacle.

Des hôtels somptueux vont se dresser sur l'emplacement des antiques masures bâties aux temps de la république romaine, des croisades , et pendant les siècles qui ont suivi notre réunion à la France.

C'est que de nos jours la raison l'a emporté sur un amour exagéré des vieilles traditions. Il le faut, Marseille doit grandir et se mettre au niveau de ses destinées. Nous pouvons confondre dans de justes limites ces deux sentiments : le respect du passé de la patrie, cadre aimé des jours de notre enfance, et les légitimes aspirations vers l'avenir.

Que de brillants concitoyens ont su réunir ces deux belles idées ! N'avons-nous pas entendu Joseph Méry, notre étincelant poète , gémir sur le complet oubli de tous nos glorieux souvenirs , lui qui le premier assigna, il y a trente ans, à notre nouveau Palais de Justice , la place qu'il occupe aujourd'hui; et son frère Louis, ce spirituel professeur, n'a-t-il pas consacré la majeure partie de sa vie , dans cette digne presse de province, à raconter notre histoire et à combattre pour les intérêts du pays.

Henri Abel, cet homme de cœur, cet éminent esprit, n'était-il pas le défenseur zélé, courageux de nos franchises municipales, hélas ! si amoindries, et sa plume éloquente ne poursuivait-elle pas sans cesse les tendances opposées aux vrais intérêts de notre chère cité ? Qui donc parmi nous pourrait oublier les cris indignés qu'il jeta dans son journal contre l'idée impie de combler le vieux port, ce vieux gardien de nos fortunes maritimes ? Combien d'autres écrivains nous aurions à nommer, mais ils sont trop nombreux.

Désormais, plus d'opposition systématique aux changements réclamés par la civilisation, par le progrès.

Un tâtonnement regrettable a présidé aux premiers efforts tentés pour l'amélioration et l'embellissement de Marseille. Mais dans ces dernières années, à mesure que la lumière s'est faite dans les intelligences, l'ordre et la régularité ont présidé dans tous les projets : nous savons aujourd'hui ce qu'on peut faire et ce que l'on fera.

Cependant, tout en rendant justice aux éminents magistrats dont notre ville s'honore à bon droit, nous devons revendiquer un titre de priorité pour l'œuvre de notre jeune concitoyen, à qui l'amour du sol natal et une rare intelligence des choses ont donné, du plan futur et nécessaire de Marseille, une intuition dont on saura apprécier la justesse et la netteté.

Ce travail, M. Henri Verne l'avait fait dans ses promenades, ainsi qu'il le dit lui-même, et comme en se jouant. Le digne M. Abel, dont nous déplorerons toujours la perte, comprit tout d'abord l'utilité de ces heureux essais et les reçut dans son journal. C'est là que les *Promenades* ont pris date.

Mais un journal se lit et s'oublie avec l'actualité éphémère qui lui donne le jour. Plusieurs de nos amis nous ont invité à réunir ces divers articles en un volume, et nous-mêmes, cédant à un attrait personnel, avons demandé à M. Henri Verne de faire revivre ces pages, qui n'étaient pas destinées à une réimpression. Nous n'avons pas voulu reléguer dans l'arsenal des vieilles archives la pensée de l'ingénieux écrivain qui, pressentant l'avenir glorieux de son pays, refait presque en entier la carte de sa ville natale, trace des boulevards grandioses, indique les emplacements où doivent s'élever des monuments superbes ou d'une incontestable utilité. L'amour de quelques esprits supérieurs pour les lieux de leur enfance, la religion du passé, si respectable entre toutes, le pressentiment des glorieuses destinées de sa patrie, le désir de voir sa grandeur future et surtout de la préparer, seront toujours dignes de nos éloges et de nos encouragements.

Il faut que la nouvelle génération marseillaise, oublieuse de tant de choses, se souvienne au moins de ceux qui ont préparé les esprits à toutes les futures splendeurs de notre pays natal, qui ont avec patience, avec talent, essayé d'effacer les angles, d'adoucir les aspérités du vieux caractère provençal, et ont ainsi permis la pacifique et salutaire révolution qui s'opère autour de nous.

Déjà le lecteur pourra constater combien d'heureuses améliorations ont été réalisées sous l'influence de notre édilité, depuis la première apparition de ces écrits; quels sont les monuments qui apparaissent aux endroits désignés, quels sont les projets en cours d'exécution, quels sont ceux qui restent à accomplir, mais qu'il faudra, dans un but d'intérêt général, réaliser avec le temps, et comme le demande l'auteur, dans de justes limites de sagesse et de prévoyance.

Faisons des vœux pour que, dans un avenir prochain, ce *Palais des Arts*, entrevu par l'imagination du jeune écrivain, si bien décrit par sa plume facile, devienne la merveille de notre belle cité, en réunissant à nos collections artistiques cette galerie qui rappellera à tous les regards les annales de Marseille.

Ajoutons enfin qu'aux divers articles parus dans la *Gazette du Midi* viennent se joindre, pour compléter le volume, trois études inédites, également empreintes d'un vrai sentiment de patriotisme, d'une prescience complète de l'avenir de Marseille, et du désir d'élever cette ville, si tendrement aimée par tous ses enfants, à la hauteur des destinées que sa position providentielle lui donne le droit d'espérer.

Les Éditeurs.

PROMENADES DANS MARSEILLE

I.

Lorsqu'en 1747, M. de Tourny, intendant de la généralité de Bordeaux, commença l'exécution des plans auxquels la capitale de la Guienne allait devoir cet aspect grandiose, cette régularité, ces beaux monuments, qui frappent le voyageur d'une si juste admiration, des clameurs immenses s'élevèrent contre le magistrat novateur. Le parlement, l'archevêque, la bourgeoisie éclatèrent en protestations. Mais le bon sens du peuple comprit mieux ce qu'on allait faire pour l'honneur de la ville et le bien de sa population. Fort de cet appui, l'intendant sut mener à fin sa noble entreprise, et Bordeaux fut doté de ces quais superbes, de ces larges avenues, de cette place des Quinconces, de ce jardin public, enviés si justement, et la postérité reconnaissante a prononcé l'arrêt définitif en élevant la statue de LOUIS-URBAIN-AUBERT DE TOURNY, à l'entrée du Cours qui porte le nom de l'habile et ferme administrateur.

Un demi-siècle auparavant, Marseille, resserrée dans son étroite et tortueuse enceinte du moyen âge, abattait son vieux mur et faisait irruption sur les terrains vagues du Cours et sur cette Cannebière, où si longtemps avaient séché au soleil les chanvres destinés aux câbles de ses navires. Notre ville n'eut pas alors le bonheur de trouver un magistrat tel que Tourny ; mais elle possédait un artiste que Paris même aurait pu lui envier. Puget se présente aux échevins, il déroule sur la table consulaire des plans dont l'exécution successive aurait fait de Marseille une tout autre cité que Venise la *belle* ou que Gênes la *superbe* ; car ici nous n'avions pas à combattre les marais et les bas-fonds ou à régler nos alignements et nos voies de communication sur les escarpements d'un amphithéâtre de rochers. Le grand architecte ne trouva que des refus. Il quitta la France, et bientôt Gênes s'enrichit de chefs-d'œuvre que nos Marseillais y admirent en rougissant. Puget revint ; il tailla pour le grand roi son immortel *Milon de Crotone* et sa merveilleuse *Andromède* : puis Marseille vit encore le patriotisme de son artiste aux prises avec l'ignorance et la sordide épargne des échevins. Cette fois, on laissa le grand homme faire tout juste assez pour flétrir à toujours ceux qui avaient impitoyablement coupé les aîles au génie. Le Cours surgit avec ses maisons d'architecture régulière que la négligence municipale a trop tôt livrées à d'impitoyables mutilations (1), mais cette belle promenade eut pour aboutissants deux voies étroites et insuffisantes. A la Cannebière s'éleva l'admirable hôtel des Empereurs ; mais l'administration ne fit rien pour empêcher de prosaïques maçons de garnir d'affreux nids à rats les deux côtés de cette rue aux proportions colossales, et de lui donner pour conti-

(1) Il existait pour le Cours un règlement qui fixait la hauteur et l'architecture des maisons ; de 1849 à 1851, il fut encore fait application de ce règlement quant à l'élévation.

nuation cette ruelle dite de Noailles, véritable problème pour les ingénieurs, et fléau pour notre charroi.

Ne faisons pas à nos aïeux l'injure de croire que le peuple ne sut pas comprendre Puget. Tout au plus les agioteurs sur terrains, les hommes riches à vues étroites pouvaient-ils alors opposer à ses projets grandioses leurs calculs de petits bourgeois. Si un grand administrateur se fût trouvé parmi nous, les destinées de la ville étaient changées. Malheureusement cet homme n'existait pas alors.

Notre ville semblait le posséder enfin dans les premières années du XIXe siècle. Investi de larges pouvoirs, homme d'initiative et de suite, le préfet Charles Delacroix, qui avait eu le tort d'achever la ruine de nos édifices sacrés, dota Marseille d'une belle enceinte de boulevards, d'une halle, de fontaines publiques. Un moment il rêva l'agrandissement de la rue Noailles ; mais l'argent était rare alors ; le crédit, dont on a tant abusé depuis, n'existait pas ; une guerre maritime venait d'éclater. Delacroix partit, après seulement quatre années d'administration, laissant parmi nous une réputation qui prouve que Marseille n'est pas ingrate, et qui doit encourager tout administrateur à marcher sur ses traces. Il fut remplacé par le fameux Thibaudeau qui ne nous légua que les tristes souvenirs de la conscription, et depuis lors on ne fit guère plus que de l'administration courante.

Qu'avons-nous vu, en effet? De 1804 à 1814 la stupeur et l'inaction, suites inévitables d'un blocus maritime de dix années. A la suite des longs malheurs de la guerre, on s'appliqua à relever avant tout les ruines et à faire des économies. De 1814 jusqu'à l'époque actuelle, quelques grandes entreprises, trop souvent incomplètes faute de direction, comme Longchamp, le Prado et l'élargissement des anciens quais, où l'on n'a rien fait pour substituer des façades régulières aux ignobles masures qui déshonorent notre port. Partout ailleurs, la spéculation particulière se jetant au hasard dans des terrains abruptes, sur des coteaux ou dans des ravins ; des quartiers immenses bâtis sans alignement, sans règle, sans direction, au Chapitre, à la Cité-Bergère, au pied de Notre-Dame-de-la-Garde ; le faubourg Paradis barré par un mur de bastides et s'échappant à angle droit pour gagner la grande allée du Prado (1).

Maintenant le mal est fait, et, pour y porter remède, il ne suffirait pas de déclarer, comme on l'a fait, dit-on, quelquefois, que tel ou tel quartier est l'œuvre des habitants et que la ville n'y peut rien. Certes, le mal vient de loin, et les administrateurs actuels n'en sont pas la cause ; mais est-ce une raison pour le laisser grandir de plus en plus jusqu'à ce que Marseille, renommée autrefois comme une des plus belles cités de France, soit tombée, à cet égard, au dessous des villes de second ordre ?

Qu'on y songe bien, si, dès les premiers moments où les entrepreneurs exploitèrent pour leurs terrassements ou leurs travaux de construction les terrains vagues du Chapitre, le préfet Thibaudeau leur eût indiqué la direction et l'étendue de leurs déblais, un quartier magnifi-

(1) La même anarchie règne toujours dans les quartiers qui se forment près de la ville ou dans la banlieue. Il suffit d'aller à Belle-de-Mai, au Rouet, au quartier Saint-Lambert, ou soit encore au pied même de la colline de Notre-Dame, près le boulevard Vauban, pour gémir sur cet état de choses ; ce sont partout des maisons, que l'on dirait en débauche, construites sur des ruelles, le plus souvent sans alignement, sans nivellement et sans écoulement pour les eaux. *(Note des Editeurs.)*

que existerait maintenant là où nous ne voyons que des rues presque inaccessibles et des places dont les deux extrémités présentent une différence de niveau de trois mètres et plus, comme à la Rotonde du Chapitre.

Si, plus tard, on avait su comprendre la portée des travaux commencés au quartier Chave, on n'aurait pas été réduit à ouvrir à grands frais un boulevard pour sauver d'une inondation permanente la paroisse de Saint-Michel et les terrains du voisinage.

Si là, comme au quartier Sylvabelle, comme dans une foule d'autres, on avait tout d'abord réglé un nivellement, nous ne verrions pas des maisons dont le rez-de-chaussée est au premier étage de l'édifice contigu et des rues, comme celle de Saint-Savournin, où l'on n'a pu créer, après coup, un nivellement tolérable qu'en donnant à certaines maisons sept ou huit marches supplémentaires.

Si l'on persiste dans cette voie, le mal ne fera que grandir, qu'on y pense bien.

Sur ce point, il ne saurait guère y avoir de dissentiment chez ceux qui ne mettent pas leurs intérêts particuliers à la place du bien public. Mais suffirait-il de remédier tant bien que mal aux fautes commises, et n'y a-t-il pas des mesures à prendre pour sauvegarder l'avenir, pour préparer l'exécution des grandes entreprises auxquelles il faudra penser tôt ou tard, et qui, si on n'y avise, seront bientôt tellement contrariées par les arrangements particuliers, que toutes les ressources de la ville et même les subventions de l'Etat ne suffiront plus pour les rendre possibles?

A ce sujet, qu'on me permette d'exposer ici quelques observations. Je les crois justes et bonnes, quoique pénibles à entendre.

Quand la vérité se montre sans mauvais vouloir, sans

parti pris, nul homme de sens ne pourrait s'obstiner à lui fermer ses oreilles.

Il y a quelque temps, je revenais du Jardin Zoologique, ce bel établissement dont le génie et la persévérance d'un honorable étranger ont doté notre ville. Mon compagnon de promenade était un Lyonnais, homme d'intelligence et d'une grande rectitude d'esprit.

En pénétrant dans la rue Noailles, je montrais à mon ami les beaux navires qui se laissent entrevoir au bout de ce défilé, et qui offriraient un spectacle si grandiose le jour où la Cannebière, prolongée jusques aux boulevards du Musée et Dugommier permettrait à l'œil de se promener librement sur ce vieux Lacydon, richesse de notre ville depuis tant de siècles, et où des centaines de pavillons, de banderoles aux éclatantes couleurs se détachent sur l'azur brillant de notre ciel.

—Et pourtant, m'écriai-je dans un accès de patriotique indignation, il s'est trouvé des hommes, des artistes, car ils ne craignaient pas de s'arroger ce beau nom, qui ont parlé froidement de combler ce port, le plus beau, le plus sûr de l'univers, ce bassin qui ne connaît pas les tempêtes et auquel Gênes, Naples, Livourne ne peuvent opposer que de mauvaises rades. Aveugles, qui ne songent pas que si notre port pouvait, suivant leurs folles rêveries, se changer en place publique, il ne faudrait qu'une de ces tempêtes que toutes les régions de l'univers ont tour-à-tour éprouvées, et qui culbutent et bouleversent parfois les digues les plus affermies, pour laisser les navires sans abri sur une côte sauvage et inhospitalière, et réduire la première cité commerciale de France, la reine de la Méditerranée, au sort de Carthage et de Tyr. Ils ne songent pas non plus aux éventualités d'une guerre maritime et à l'abri qu'offrirait alors ce vieux port, si dédaigné, à tous les navires des bassins extérieurs.

Au milieu de ces réflexions, nous étions arrivés au point d'intersection de la Cannebière et du Cours. Anticipant alors sur l'avenir, je voyais le défilé de Noailles prendre les proportions de la grande voie qui le précède, et devenir une des branches de la croix dont l'autre sera it formée par la rue de Rome élargie (1) et le faubourg Castellane d'une part, le Cours et la rue d'Aix agrandie et d'une pente plus douce, de l'autre; puis au centre de cette croix j'élevais la colossale statue de notre cité; d'une main elle désignait ce port si justement renommé d'où partirent, avant l'ère chrétienne, les flottes qui allaient franchir le détroit de Gibraltar pour s'élever le long du continent africain et tracer la route de Gama, tandis que d'autres remontaient audacieusement jusques à la Grande-Bretagne. L'autre main tenait des tablettes où brillaient en lettres d'or les noms des colonies fondées par les vieux marseillais, des frontières d'Espagne à celles de l'Italie.

Dans ce moment, mes yeux rencontrèrent ceux du Lyonnais; il était facile d'y apercevoir une gaîté passablement ironique.

— Eh bien! lui dis-je d'assez mauvaise humeur, pourquoi me regardez-vous ainsi? Voudriez-vous me reprocher de prendre mes désirs pour des espérances? Mais si la branche nord et sud de la grande croix marseillaise (2) est en-

(1) L'élargissement pourrait s'étendre jusqu'à la rue Vacon par voie de servitude. Les maisons, quoique d'une grande valeur, ne sont pas nombreuses et y seront reconstruites un jour ou l'autre. Le Cours Saint-Louis ne serait plus alors aussi exigu, et formerait très-bien, quand on irait de la Cannebière à la rue Noailles, le pendant du Cours Belsunce.

(2) Les armes de Marseille sont, on le sait, formées d'une croix d'azur sur fond d'argent.

core dans les limbes de l'avenir, l'autre branche n'a-t-elle pas, s'il faut en croire la voix publique, été votée par le conseil municipal dans sa séance du 3 août dernier? De quoi s'agit-il maintenant? De trouver une compagnie qui, moyennant les deux millions que le gouvernement donnera, et deux autres que nous lui cèderons en terrains, se charge de l'entreprise à forfait? Une telle œuvre n'a-t-elle pas des chances assez belles pour tenter les capitalistes?

— Doucement, doucement, mon ami, dit le Lyonnais. Va pour une branche, bien que vous me l'ayez déjà montrée deux ou trois fois, ces dernières années, sans que rien soit venu jusqu'à présent. Vous autres, Marseillais, vous possédez au plus haut point la *furia francese ;* mais si vous pouviez y joindre quelque peu du flegme et de la tenacité de mes concitoyens, vous n'en marcheriez que mieux. Avec votre enthousiasme ardent, mais transitoire, vous vous perdez trop souvent dans les détails ; de là d'incessantes discussions, puis un refroidissement général, enfin un abandon passager, sur lequel, grâces au progrès de votre ville, vous ne pouvez plus revenir qu'à grands renforts de millions. Vous aurez votre rue Noailles agrandie, je le crois et je le désire bien vivement; mais oseriez-vous calculer les trésors que vous auriez épargnés si cette belle entreprise, mûrie avec soin, eût été menée à bonne fin, il y a quinze ans?

Ce n'est pas ainsi que mes concitoyens ont entendu le gigantesque travail auquel ils doivent leur belle rue Impériale, pour ne rien dire des autres. Dès l'adoption raisonnée du projet, quand les premières difficultés ont été levées à petit bruit, on a présenté les travaux à la population comme une œuvre de patriotisme, une affaire d'amour-propre local. Les cœurs se sont échauffés, l'intérêt public a dominé tous les autres. Aussitôt on a donné suite au plan, les vieilles maisons sont tombées sous le marteau, et, comme par enchantement, une magnifique artère a ravivé et rendu splendides nos quartiers les plus enfumés, les plus décrépits.

Chez vous l'on suit une marche tout opposée. Vous cédez à l'impulsion, vous ne la donnez pas. Depuis des siècles on parle de mille projets, on les discute, on les publie, ils traînent partout, la malignité publique s'en empare, les objections se formulent, chacun calcule au plus juste et le plus étroitement possible, et non-seulement vos projets ne reçoivent pas d'exécution, mais avec votre maladresse native vous les rendez inexécutables.

En effet, la prévoyance en affaires administratives n'a-t-elle pas fait défaut à Marseille? Voyez cette pauvre maison que vous laissez bravement construire en face de votre belle rue Saint-Ferréol et qui rend impossible un prolongement, qui n'en sera pas moins indispensable le jour où l'on voudra purifier et renouveler les quartiers affreux compris entre la Cannebière et Saint-Martin. Qui donc empêchait la ville d'acheter la maison que l'on vient de démolir, et d'en toucher les revenus, jusqu'au moment où il aurait convenu à vos administrateurs d'y mettre le marteau? Vous l'auriez eue pour 200,000 fr. au plus; oseriez-vous maintenant prévoir ce que vous coûterait, le cas échéant, celle qui a pris sa place? Ne parlez pas d'économies étroites. Une ville comme Marseille doit savoir escompter l'avenir; car tout ce qu'elle gagne à une épargne mal entendue, c'est de payer dix fois plus cher au bout de quelques années.

Sur la Cannebière, à deux pas du magnifique hôtel des Empereurs, des maisons ignobles et condamnées avant 1789 formaient une île entière. On les a rebâties, on y a placé le beau café de l'Univers. Comment la ville n'a-t-elle pas su agir auprès de l'acquéreur de manière à fixer à la construction quelques règles d'art et de convenance, et fût-ce au prix d'une subvention, faire renouveler cette île entière qui n'est pas même à l'alignement? Nîmes n'a pas la fortune de Marseille, et cependant où est le propriétaire qui a refusé de suivre les indications données par la commune pour les façades qui bordent l'avenue Feuchère?

Changez donc de tactique, suivez l'exemple de Lyon, et il ne faudra pas de grands efforts à des administrateurs, même ordinaires, pour faire beaucoup dans une ville comme la vôtre. Le peuple surtout aime les grands projets; son bon sens naturel lui rend en quelque sorte intolérables les plans bâtards et insuffisants, ceux où l'on manque le but par une maladroite économie. Il y a d'ailleurs, dans votre caractère national, quelque chose de républicain qui tient aux souvenirs de vos vieilles luttes contre César et Charles-Quint, et des services que votre commerce a rendus au monde entier. Sachez tirer parti de cette fierté nationale, et vous verrez vos riches citoyens appuyer des projets honorables et utiles, lors même qu'ils n'y verraient pas une de ces spéculations d'agiotage avec lesquelles on peut devenir millionnaire en quelques jours. Dieu merci, chez vous il est encore des gens qui savent attendre la fortune, et préfèrent un gain plus lent, mais assuré, aux chances d'une loterie de terrains.

A ces paroles de bon sens il y avait peu de chose à répondre. Je le sentis, et sous un prétexte quelconque, je laissai mon ami gagner seul la place Royale.

J'étais devant la nouvelle Bourse. Un mot au sujet de ce monument.

Avant l'adoption du projet actuel, il existait un plan

qui eût commencé la régénération de la vieille ville. Il démolissait tous les quartiers compris entre Saint-Martin et la Cannebière d'une part, les Augustins et le Cours de l'autre, prolongeait les rues Saint-Ferréol et Paradis, établissait la Bourse sur une place que l'on aurait ouverte près de cette dernière rue. Inutile d'ajouter que les églises de Saint-Martin et de Saint-Ferréol eussent été rebâties sur de plus grandes proportions. Aujourd'hui la place se trouvera sur le derrière de la Bourse, ou soit sur la façade nord, et les deux grandes rues latérales au monument, de 20 mètres de largeur chacune, se prolongeront vers la place aux Œufs et Saint-Martin, et remplaceront la continuation de la rue Paradis.

Ne nous arrêtons pas trop aux reproches que certains critiques font à l'architecture de la Bourse, et qui leur fait même préférer la façade du nord à celle de la Cannebière, comme moins chargée d'ornements. M. S. Berteaut, secrétaire de la Chambre de commerce, a dit avec raison que pour juger l'ensemble d'un monument, il faut l'avoir vu achevé. Nous savons, d'ailleurs, que l'ornementation sera très-riche, et que l'on n'accorde pas moins de 300,000 fr. pour les sculptures. L'intérieur de l'édifice sera plus monumental que le dehors : la salle de la Bourse aura des proportions grandioses. Il sera donc prudent de ne pas se prononcer avant qu'on ait eu tous les moyens de porter un jugement bien motivé.

Deux réflexions, cependant :

Une galerie orne les deux façades latérales. C'est une idée heureuse et qui rentre dans les conditions appropriées à un édifice de ce genre. Mais pourquoi les deux premières arcades de ces galeries, celles qui se présentent tout d'abord à la vue quand on descend de la Cannebière ou qu'on arrive par la rue des Templiers, sont-elles bouchées, comparativement aux autres, et remplies par deux rangs de petites fenêtres superposées? Cette bigarrure sera toujours d'un fâcheux effet.

Les deux arcades, dit-on, servent d'appui aux escaliers du palais. Mais pourquoi ne pas les placer sur un autre point, pourquoi ne pas les réduire au besoin plutôt que de tomber dans un oubli pareil? Nous disons plus : — avant que le mal soit devenu sans remède, il importe de chercher un moyen de le détruire. Vainement pourrait-on se flatter de le dissimuler sous les ornements, toujours la galerie aura le tort de n'être pas continue, toujours l'œil du spectateur sera offusqué par ces petites fenêtres et par les arcades qui contrastent si tristement avec les autres.

Nous n'aimons pas beaucoup plus sur la façade principale, au premier étage, ces fenêtres isolées aux deux côtés de la colonnade. Prises séparément, elles sont lourdes et massives ; vues dans l'ensemble, elles manquent de grandeur. Pourquoi ne pas conserver partout à la façade sa physionomie qui, même avec le fronton, sera toujours quelque peu matérielle? Pourquoi ne pas supprimer les deux fenêtres et les remplacer par des bas-reliefs allégoriques placés au dessus des statues qui orneront chacun des angles de cette façade (1)?

Pour éviter le faux équerre, si choquant pour les spectateurs arrivés de la rue Paradis, et qui est assez manifeste pour qu'on ait cru devoir s'en occuper administrativement, on a proposé de bâtir sur la place Royale, et de cacher ainsi le défaut. Le moyen serait extrême, et sans parler des justes réclamations

(1) On peut voir aujourd'hui que ces fenêtres font l'office de niches et possèdent des statues; les bas-reliefs sont au rez-de-chaussée.

qu'une telle mesure soulèverait, comme tendant à détruire encore une place publique dans une ville où elles sont si rares, le remède ne serait pas complètement efficace, et le faux équerre se laisserait toujours apercevoir. Mieux vaudrait s'en tenir à un moyen qui conserverait la place et dissimulerait aussi bien le défaut ; ce serait d'établir sur la première partie de la place Royale un *square* dont les plantations cacheraient jusqu'à un certain point l'aspect fuyant de la Bourse, et au milieu desquels s'élèverait une fontaine monumentale.

Quant à la statue de Puget, on peut croire qu'elle n'a été élevée sur cette place que provisoirement. Le piédestal en ciment sur lequel elle repose ne saurait figurer là définitivement ; et on ne voudra pas que, suivant le malin propos de nos ouvriers, le grand architecte, ainsi placé, ait l'air de regarder de travers le nouvel édifice placé en face de lui.

Derrière la Bourse commencent les vieux quartiers, berceau de notre cité, théâtre de tant de grandes scènes, et où vécurent les fortes générations qui nous ont précédés. On a bien souvent parlé de leur régénération ; tout récemment on ne parlait rien moins que de raser la colline où ils reposent. Sur ce point nous ne craindrions pas de dire toute notre pensée. Une destruction totale, immédiate, serait une grande faute. D'abord il faut y penser à deux fois quand il s'agit de déplacer une population de 70,000 âmes, surtout quand elle appartient à la classe ouvrière. Il faut auparavant lui avoir préparé, dans un quartier salubre, des demeures appropriées à ses besoins ; à défaut, on la réduit à une pénurie de logements qui, le plus souvent, aboutit à une affreuse misère. Paris, avec ses démolitions trop hâtives, en a fait une cruelle épreuve. Ce qui nous paraîtrait non-seulement utile, mais nécessaire, ce serait le percement de deux ou trois grandes artères convergeant au centre de la vieille ville, à une place de vaste étendue, et introduisant au milieu de ces maisons trop entassées l'air et la lumière dont elles manquent.

Pour ces quartiers, comme pour Marseille entière, nous voudrions qu'un plan général fût adopté (1), puis réalisé graduellement ; et alors, suivant les circonstances ou le courant des affaires, la vieille ville régénérée deviendrait marchande, commerçante ou même aristocratique ; car, dans le renouvellement d'une grande cité, rien n'est impossible, et l'admirable position de ces quartiers, à à cheval sur les deux ports, c'est-à-dire sur nos deux grands foyers d'activité, abrités mieux que tous les autres contre la violence du mistral, et qui se dressent en plein midi en face de la montagne de la Garde, pourrait bien leur préparer un avenir qu'on est loin de leur supposer maintenant.

Dussent ces quartiers demeurer l'asile de la classe ouvrière et des pauvres, la régénération ne serait pas moins nécessaire ; car la salubrité publique dépend des travaux qui feront cesser l'encombrement des maisons, donneront plus d'air et de lumière à ceux qui seront conservés, et permettront enfin les services de propreté et de désinfection dont cette portion de la ville est presque entièrement privée. La vieille ville contient plusieurs édifices publics de grande importance : l'Hôtel-Dieu, qui pourrait

(1) Grâce au plan de la ville, contenu dans le bel ouvrage de MM. Gaspard et Latour, sur les travaux hydrauliques exécutés dans nos ports, chacun pourra, désormais, comprendre l'idée générale que se propose de suivre, dans la régénération des vieux quartiers, notre municipalité actuelle *(Note des Éditeurs, 1862).*

être si beau et qui souffre tant de la conservation de l'antique hôpital qui l'étouffe ; la Charité, vaste et beau bâtiment, qui n'est encore dégagé que sur une seule façade, l'église de Saint-Cannat et le grand monastère qui y est contigu. Evidemment il importerait d'isoler, d'aérer toutes ces bâtisses, et si à ce travail on joignait l'ouverture de quelques rues horizontales, fallût-il les rendre courbes comme à Gênes, nos vieux quartiers cesseraient bientôt d'être un épouvantail pour le voyageur et pour l'habitant de la nouvelle ville.

De semblables travaux auraient nécessairement pour résultat la destruction d'un grand nombre de logements, étroits, malsains, incommodes, mais qui ne laissent pas d'être précieux pour l'ouvrier dont le salaire ne peut faire face aux loyers si coûteux, exigés dans le plus grand nombre des autres quartiers.

Là se présenterait une question de haute importance, à laquelle on a touché, il y a quelques années, avec intelligence, mais trop incomplètement : nous voulons parler des logements de travailleurs, de ce qu'on appelait un peu pompeusement les *cités ouvrières*. Si des projets pareils pouvaient être réalisés sur une vaste échelle, ce serait une ressource bien précieuse pour les familles ouvrières qui obtiendraient à peu de frais des maisons confortables, propres, simples, bien aérées, solides surtout; car ce serait là une belle occasion de mettre un terme, par une active surveillance, à ces tristes spéculations que des hommes coupables ont faites si souvent au mépris de la sûreté publique.

Le quartier de la Plaine, avec ses larges rues et ses boulevards, ne serait-il pas, pour la classe ouvrière, un séjour plus agréable que les ruelles infectes des vieux quartiers? Il conviendrait donc d'encourager, d'étendre d'abord dans cette partie de la ville, puis dans la direction de la nouvelle cité d'Arenc, le système de constructions économiques, faciles, avantageuses. Avec l'appui de l'autorité, avec une direction paternelle et intelligente, des sociétés se formeraient bientôt, et, tout en travaillant pour leurs intérêts, se rendraient utiles au peuple.

Dans nos provinces du Nord et de l'Est, à Mulhouse, par exemple, des cités ouvrières, formées de petites maisons et jardins ont offert des exemples dignes de sympathie et d'étude ; car, pour dire toute notre pensée, ce système de logements détachés et de proportions réduites, mais suffisantes, nous paraît bien préférable à celui des grands édifices, des palais, des casernes civiles, bonnes tout au plus pour les ouvriers célibataires, mais où les familles seront toujours mal placées.

Après avoir préparé des asiles commodes et à bas prix aux ouvriers que le marteau démolisseur chasserait de leurs logements, il n'y aurait plus de péril à entreprendre la rénovation des vieux quartiers, et nous n'avons pas besoin de faire ressortir l'intérêt que devrait offrir au commerce l'établissement de grandes artères qui rallieraient le nouveau port au centre de la ville. Pour faciliter le mouvement de la population et l'aération des quartiers voisins, il conviendrait de donner à ces artères la largeur de nos boulevards, et de les planter de ces grands arbres dont l'ombrage est si précieux sous notre climat. Ces plantations, si difficiles autrefois, peuvent maintenant réussir partout grâces à l'eau fécondante du canal, et rien ne serait plus facile que de trouver dans ces vastes percés l'emplacement d'une fontaine, rivale comme œuvre d'art de celle dont Nîmes est fière à si juste titre, mais bien supérieure à celle-ci par l'abondance de l'eau. Puisse une heureuse inspiration placer sur ce monument une statue à ce roi si bon, si français et si malheureux, dont Nantes seule a jusqu'à présent conservé l'image, de Louis XVI détrôné par une horde de misérables qui usurpèrent le nom de *Marseillais*, et qui ont bien prouvé qu'ils ne l'étaient pas en faisant tomber sous le couperet de la guillotine et sous le plomb meurtrier des fusillades, tant de vrais et honorables enfants de notre cité.

La Douane de Marseille donne elle seule à l'Etat un revenu supérieur à celui des cinq grands ports de l'Océan. Des tableaux récents de statistique officielle ont révélé ce fait. Cependant, Marseille n'a point d'Hôtel-des-Douanes. Comprendrait-on qu'en présence de sa fortune actuelle et de celle que l'on prévoit, on pût encore lui refuser ce que possèdent déjà des villes bien inférieures sous tous les rapports? La place de notre Hôtel-des-Douanes est naturellement marquée près du vieux Port et sur les diverses routes qui conduiraient aux nouveaux bassins.

Si l'on donnait suite à ces projets, il conviendrait de reconstruire avec goût, et dans un beau caractère d'architecture, l'église des Augustins. Le travail serait d'autant plus nécessaire, qu'entre tous nos édifices religieux, Saint-Vincent-de-Paul excepté, cette église, par sa position sur le Port, est peut-être la mieux située ou du moins la plus en vue.

A la vaste cathédrale que Marseille édifie en ce moment, il faudrait une majestueuse avenue. Un large boulevard, taillé dans les hauteurs de la Tourrette, partirait de la porte d'entrée du temple et déboucherait en face de la Consigne. Pour ouvrir ce passage, il serait nécessaire de rebâtir la vieille église de Saint-Laurent, paroisse de ce quartier populeux de Saint-Jean, contemporain de la ville phocéenne et marseillais par excellence.

Venant en aide à l'insouciance des Marseillais, les invasions sarrasines, le choc des révolutions, les guerres civiles et étrangères, les transformations graduelles de la la ville ont effacé de notre sol tous les monuments historiques qui auraient pu parler aux regards et rappeler aux bons citoyens les grands souvenirs des siècles passés. Hélas! l'œuvre de destruction continue encore. Hier, un marteau vandale abattait la prison de notre premier évêque (1); aujourd'hui, devant une impérieuse nécessité,

(1) A l'appui des observations que l'on vient de lire, nous donnons un extrait d'un article du même auteur sur un ouvrage de M. L. E. Méry, intitulé: *Souvenirs et sites de la Provence.* Le lecteur verra, du reste, quelques pages plus loin, que les protestations intelligentes ne firent pas défaut à cette époque.

(Note des Éditeurs.)

« Le premier morceau est intitulé: *Marseille Ancienne et Moderne;* c'est un discours plein de curieuses citations, redisant les mécomptes des archéologues à l'encontre des vestiges des monuments grecs et romains qu'ils croyaient retrouver sur notre sol. L'auteur le prononça en 1846, à la séance offerte par notre Académie au Congrès scientifique réuni dans notre ville. Hélas! nous y trouvons une assertion qui ne peut qu'attrister l'âme de tout Marseillais fier des souvenirs de l'antique Massilie; M. Méry nous dit dans ce discours qu'il restait au moins à Marseille les caves de Saint-Sauveur au bas de la place de Lenche, que tous les archéologues s'accordaient à les reconnaître de l'époque romaine, et il annonce que le ministre de l'intérieur en avait autorisé l'acquisition, pourvu que la ville y apportât son concours, qui représentait alors une très-modique somme (750 fr.). Cette assertion, il nous la donne encore dans le travail qui suit: *Coup-d'œil sur Marseille.*

« Evidemment, pour que M. Duchâtel, ministre de l'intérieur à cette époque, eût donné cette autorisation, il fallait que ces constructions présentassent bien tous les caractères des constructions romaines. Et pourtant, sur la foi d'affirmations contraires ou par suite d'une apathie par trop coupable, nous avons assisté, ces mois derniers, à la destruction de ces belles voûtes, plus belles et mieux conservées que les *Thermes* de Paris..... Et qu'on ne nous

nous voyons tomber les restes de ces vieux remparts que le patriotisme et l'ardeur laborieuse des Dames de Marseille rendirent impénétrables aux boulets espagnols, cette tour Sainte-Paule où coula un sang généreux, tandis que le traître connétable couvrait de fer et de feu la ville fidèle qui finit par le contraindre à regagner, la rage au cœur et sous les balles des paysans du Var, cette frontière que, deux mois auparavant, il avait franchie en triomphateur.

Ces faits se passaient en l'an 1524, sous le règne de François Ier; trois cents ans et plus se sont écoulés depuis, et qu'avons-nous fait, nous, descendants des femmes héroïques qui bravèrent si noblement la colère et les boulets des Espagnols? Un nom est resté au lieu qu'illustra leur dévouement, c'est le *Boulevard des Dames*, bordé sur toute sa longueur de tanneries, de fumiers entassés et d'égoûts.

Mais l'heure des réparations semble être venue enfin. Tout récemment une feuille locale demandait qu'en renouvelant le boulevard des Dames, en le prolongeant jusqu'à la mer, on y dressât une colonne pour rappeler l'acte courageux et patriotique de nos aïeules. L'idée en elle-même est heureuse, mais dans sa réalisation n'y aurait-il pas quelque peu de banalité? A la place de cette colonne, qui différerait si peu de celle de 1720 et de tant

dise plus au moins, comme consolation, qu'après tout ce n'était que des pierres. Mais que sont de plus les *Thermes* de Paris que nous venons de nommer et que l'on vient de dégager tout récemment, et tous ces débris de monuments que le peuple romain se garde bien d'ébranler, quelque insignifiants qu'ils soient? Que sont de plus ces restes informes de muraille où s'est attaché le souvenir de l'homme-Dieu, et que les Turcs eux-mêmes ont conservés?.... Marseillais, voilà de vos coups! Il vous reste un monument qui atteste l'antiquité de votre cité, et, froidement, vous le laissez démolir pour en vendre les pierres au détail! »

d'autres élevées à de grands citoyens sur divers points de la France, le peuple n'aimerait-il pas mieux un monument qui parlât à son cœur et à son imagination? Par exemple un groupe de guerrières dans l'attitude du combat, puis au dessous une fontaine abondante que réclame le voisinage d'un quartier populeux.

Le boulevard des Dames, tel qu'on l'a projeté avec ses belles proportions et son parcours, de l'Arc-de-Triomphe au nouveau port, a besoin d'un ornement.

Il serait bien à désirer que l'on pût en même temps donner à la rue Bernard-du-Bois un élargissement reconnu depuis longtemps être nécessaire à cette importante avenue du chemin de fer.

Mais en même temps il importerait de travailler enfin à l'élargissement de la rue d'Aix, où l'encombrement est tel que des accidents y sont chaque jour signalés. Un moment on a beaucoup parlé de cette entreprise, plus peut-être que de l'agrandissement de la rue Noailles. Plusieurs plans existent; c'est à l'autorité de choisir celui qu'elle estimera le plus favorable à l'intérêt de la ville; mais si elle se décide à donner à la nouvelle rue toute la largeur du Cours, il serait bon de ne pas en accorder moins à la grande voie qui, de l'Arc-de-Triomphe, doit aller en ligne droite jusqu'à l'Abattoir. Un jour, cette voie, prolongée encore au-delà du but primitif, offrirait sur les bords de la mer, dont elle suivrait les sinuosités, une reproduction de notre belle promenade de la Corniche; on y jouirait du magnifique coup-d'œil des villas de l'Estaque et du Cap-Couronne d'une part, et ailleurs de la mer, des deux nouveaux ports, des vieux quartiers de Marseille et de Notre-Dame-de-la-Garde.

Entre la rue d'Aix élargie et la voie directe vers l'Abattoir se trouve interposé l'Arc-de-Triomphe. Nous n'aurons garde assurément de prendre au sérieux le projet bizarre d'après lequel le monument resterait debout, au milieu des terrains que l'on abaisserait autour de lui, et serait garni d'escaliers, au moyen desquels on se hisserait jusqu'à sa porte pour descendre de l'autre côté. Assurément rien de pareil ne s'était jamais vu dans les fastes des beaux-arts, et ce serait pour le coup que les petits journaux de Paris auraient le droit de rire.

Mais ils ne riraient plus s'ils voyaient achever la ligne qui s'étendrait de l'Abattoir à l'Arc-de-Triomphe et de celui-ci au Cours, à la rue de Rome et au rond-point du Prado ; car ce serait bien la ligne la plus longue, l'enfilade de rues et de boulevards la plus colossale qui existât dans le monde entier.

Nous avons parlé plus haut de l'Arc-de-Triomphe qui se trouve comme un obstacle au milieu du nouveau tracé. Quelques faiseurs de plans en proposent la suppression; d'autres voudraient le transférer ailleurs. Nous déplorerions amèrement la première de ces mesures, l'autre nous paraît impossible, attendu que les fondations de l'Arc-de-Triomphe ne sont pas moins considérables que le monument lui-même.

Cet Arc-de-Triomphe, œuvre de l'architecte Penchaud, qui mourut de chagrin, et dont le successeur, Barielle, succomba dans l'aliénation mentale, fut élevé pour conserver le souvenir de la rapide campagne de M. le duc d'Angoulême, en 1823. Ses statues, ses bas-reliefs militaires étaient achevés quand les journées de 1830 vinrent le vouer au souvenir de 1789 et de 1792. Nous doutons fort qu'il ait beaucoup gagné à recevoir, au lieu de ses ornements primitifs, les statues et les bas-reliefs de David d'Angers. Ce n'en est pas moins une bonne copie de l'arc-de-triomphe de Titus à Rome. Les hommes spéciaux lui trouvent un fini parfait. Il est fâcheux qu'on n'ait pu l'établir sur une place régulière, au milieu de constructions uniformes.

Parmi les projets connus pour rendre la rue d'Aix moins difficile aux voitures, deux surtout ont préoccupé le public. L'un consiste à ouvrir à droite et à gauche de la rue actuelle deux longues tranchées parallèles qui, de l'extrémité du Cours, conduiraient à Saint-Lazare, en laissant l'Arc-de-Triomphe au milieu d'elles, sur la voie des carrosses et des petites voitures, tandis que le charroi passerait sous terre. L'autre projet mettrait la rue d'Aix au niveau du Cours, dont elle serait la continuation. Il est bien entendu que l'on ferait disparaître l'Arc-de-Triomphe, et on ne dit pas comment on établirait des communications entre le quartier des Récollets et celui de Saint-Martin, que séparerait cette longue et vaste coupure. Quant à nous, sans vouloir approfondir les difficultés d'exécution d'un tel projet, nous ne doutons pas qu'avec un élargissement considérable et en adoucissant la pente le plus possible, sans creuser une sorte de détroit au milieu de nos faubourgs, il ne fût possible de faire arriver les voitures jusques à l'Arc-de-Triomphe sans difficulté sérieuse.

Le bruit courait, il y a quelque temps, que l'entreprise était décidée et qu'on en chargerait une compagnie parisienne. Nous verrons bien.

Par tout ce qui précède, on a pu voir que, d'accord sur ce point avec tous ceux qui connaissent Marseille par expérience, nous voudrions adoucir, mais non détruire les hauteurs sur lesquelles reposent les vieux quartiers, et qui seules donnent à notre ancien port son incomparable sécurité. Malheur à notre cité si l'on pouvait quelque jour oublier cette vérité si importante ! Le mal ne tarderait pas à se manifester, et il serait irréparable.

Non loin de ces hauteurs existait encore, il y a peu de temps, celle où nos aïeux établirent leur Lazaret, après cette peste de 1654 qui ravagea la Provence et réduisit de 15,000 âmes à 3,000 la population de Digne. Quand cet établissement sanitaire qui, dans un peu plus d'un siècle, nous avait garanti quatorze fois de la peste, fut transféré nominalement aux îles de la rade, il avait été résolu qu'on lui donnerait tous les développements dont il avait besoin pour être utile; des plans même furent dressés, mais on n'est pas allé plus loin, et si des circonstances, malheureusement trop faciles à prévoir, exigeaient des mesures sérieuses de quarantaine, il serait impossible de les réaliser efficacement.

Si la statue de Belsunce, sur l'emplacement de l'autel dressé par lui au plus fort de la contagion, si le tableau de David, le bas-relief de Puget à la Consigne ne suffisent plus pour nous rappeler assez énergiquement les horreurs de 1720 et la négligence qui en fut la cause fatale, tournons les yeux sur Lisbonne, ravagée tout récemmeat par le typhus américain, sur sa population qui succombait à la misère et à la maladie; pensons à son premier pasteur, victime du fléau qu'il recueillit au chevet d'un moribond, à son jeune roi, dévouant chaque jour sa personne à la consolation et au soulagement des malheureux, et qu'on se demande si Marseille, dont les navires fréquentent habituellement les pays où naissent les maladies contagieuses, pourrait avoir quelques chances de sûreté en ne se réservant pas le moyen de les combattre, et comment elle pourrait se maintenir dans sa voie de progrès et de fortune, si, comme au moyen-âge, elle voyait sa population régulièrement moissonnée par les épidémies que l'intérêt de son commerce la force de braver par l'entremise de ses marins.

II.

Dans une première course, nous avons visité Marseille depuis le théâtre futur du plus indispensable de ses progrès, la rue Noailles, jusques aux sommités de la vieille ville, de la porte d'Aix et du Lazaret. Nous avons dit quels travaux appellerait sur ces divers points l'intérêt public. Voyons maintenant ce que réclameraient non loin de là l'honneur et l'intérêt de la ville.

Voisine de l'Italie et de l'Espagne, familière par les récits de ses voyageurs et de ses marins avec l'Egypte, l'Asie et la Grèce, Marseille doit offrir un asile aux productions des beaux-arts. Peut-elle longtemps encore conserver pour un tel emploi une chapelle dévastée, défigurée, où pas un tableau ne peut trouver un jour favorable, et dont les nefs et les voûtes coupées, masquées par de faux planchers de toile, offrent partout un vrai barbarisme d'architecture, tandis qu'à deux pas de là, notre Lycée en est réduit à faire prier ses élèves dans une chambre, parce que la ville a confisqué leur lieu de réunion? Non, tout cela n'a pu être supporté que provisoirement, au sortir des révolutions, au milieu de la guerre et de la pauvreté, sa conséquence inévitable. Marseille, rendue à elle-même, ne peut accepter une telle situation.

Jusqu'à ce jour, les personnes jalouses de doter notre ville d'un Musée ont presque toutes désigné pour emplacement les terrains qui sont à l'extrémité du Lycée, entre le boulevard et la rue Napoléon. Mais les abords de cette hauteur, où l'on ne peut arriver que par une pente rapide, nous paraissent trop difficiles, trop étranglés. Ce n'est point là qu'on peut élever un monument, car il ne s'agit pas de pourvoir, vaille que vaille, au placement de nos tableaux, de nos rares statues, de nos fragments d'antiquités plus rares encore ; il faut embellir la cité, il faut lui donner un véritable édifice, et au lieu de le cacher dans le premier recoin venu, l'exposer à tous les regards avec une juste fierté.

Au lieu donc de se borner aux terrains situés au sud du Lycée, prenons cet établissement tout entier.

Qu'on ne s'épouvante pas :

Au milieu de cette vaste étendue s'élèverait le Musée, entouré d'un de ces jardins publics qui rendent le séjour de Paris si agréable aux étrangers et qui, au milieu d'une ville tumultueuse, remplacent pour l'habitant sédentaire la campagne et ses frais ombrages. Certes, jamais position plus favorable ne saurait être trouvée au centre même de la cité.

A l'extrémité de la rue du Théâtre-Français, agrandie du côté opposé au Gymnase et formant un large boulevard, l'étranger, arrivant par la rue Noailles élargie, apercevrait soudainement ce panthéon de Marseille avec ses portiques ioniens et les statues qui, dans chaque intervalle de colonnes, lui présenteraient quelqu'un des grands hommes qui, depuis la fondation de notre ville, ont su conquérir des droits à la reconnaissance de ses citoyens. A l'intérieur seraient les collections de tableaux, les galeries des antiques et des médailles, le Musée, en un mot, non pas insuffisant, mal disposé et réduit à se plier aux exigences des lieux, mais vaste, bien ordonné, tel que doit le comprendre la reine de la Méditerranée, la fille de la Grèce, l'amie de Rome et la rivale de Carthage.

Derrière le Musée et sur les façades latérales s'étendrait le jardin, qu'une belle grille fermerait du côté du boulevard, et dont la pente heureusement ménagée, permettrait les plus gracieuses dispositions du sol et de nombreuses pièces d'eau que l'on pourrait étager de la manière la plus favorable.

Le projet est vaste ; mais qu'on se persuade bien que celui qui ne sait pas aborder franchement une entreprise avec toutes ses conséquences, ne fera jamais rien de complet et de véritablement utile.

Mais, dira-t-on, que deviendra le Lycée ?

L'édilité de Marseille, de concert avec l'autorité supérieure, saura bien lui trouver un autre local dans une position mieux aérée et plus salubre pour un édifice de ce genre. Sans aller bien loin, ne pourrait-on profiter du Muséum d'histoire naturelle qui doit un jour être transporté sur l'esplanade de Longchamp, tout près du Jardin Zoologique, dont il sera le complément comme le Muséum de Paris est la suite naturelle du Jardin des Plantes. Aux terrains sur lesquels repose le bâtiment qui renferme aujourd'hui nos collections, on joindrait les emplacements voisins. Leur valeur n'est pas excessive, et il en coûterait moins pour les acquérir que pour devenir possesseur au centre de la ville de l'emplacement nécessaire à un simple Musée, et qui d'ailleurs suffirait bien difficilement à cette destination.

On a parlé d'établir le Musée des Beaux-Arts sur l'emplacement de l'île qui sépare les allées de Meilhan de celles des Capucines. Il ne vaudrait pas, selon nous, le jardin du Lycée, car il manquerait d'air et de lumière, et et il en coûterait davantage pour l'acquérir.

Pour réaliser cette œuvre nationale d'un Musée, un concours devrait être ouvert. Assurément, dans notre siècle, où l'on parle tant d'égalité, où l'on demande que le soleil luise pour tous, on doit s'étonner que les concours d'architecture ne soient pas d'un usage plus général. Plusieurs villes les ont adoptés et s'en trouvent bien. Les concours ouvrent l'arène à tous les talents, à toutes les idées, ils établissent une glorieuse émulation, et souvent ils furent la voie du succès pour une capacité naissante que le défaut d'amis et de protecteurs aurait sans doute laissée à l'écart.

La Bibliothèque de la ville pourrait être réunie au Musée dans un local digne de l'importance qu'elle doit obtenir un jour. Un accroissement fait avec régularité et intelligence ne tarderait pas à mettre un terme à l'infériorité comparative de ce dépôt, formé presque au hasard, dans le principe, avec des bibliothèques de couvents, et que, faute d'un Mouan ou d'un Rouard, nous n'avons pas su mettre au niveau de cette bibliothèque Méjannes, dont la ville d'Aix est fière à bon droit. Et qu'en savons-nous? Si notre collection de livres était mieux étudiée, si l'on pouvait y passer de longues heures sans mourir de froid, peut-être en serait-il bientôt de notre Bibliothèque comme des archives préfectorales, abandonnées autrefois, et qui, grâce à l'obligeance de M. Ricard et de M. Blancard, son successeur, sont devenues une source de découvertes précieuses pour nos archéologues marseillais. Les bibliothèques de nos couvents ne devaient-elles pas, sous quelques rapports, offrir autant de curiosités que leurs cartulaires?

Mais si l'archéologie et les sciences peuvent trouver leur compte dans notre Bibliothèque, il n'en est pas de même des auteurs classiques et de la littérature française, et l'on doit regretter que la ville n'ait pas accordé jadis des fonds suffisants pour combler à cet égard tous les vides, et permettre aux bibliothécaires de suivre pas à pas la marche du siècle dans la poésie, l'histoire, l'art et les sciences. Le mal est-il irréparable? Nous ne le croyons pas, et si la Bibliothèque pouvait être fréquentée régulièrement et pendant de longues heures chaque jour, par la jeunesse aisée, par les ouvriers même, elle pourrait offrir un bien utile complément aux leçons des pensionnats, du Lycée, des Facultés, et aussi des instituts voués à l'instruction des classes populaires.

Nous avons parlé du transfert du Muséum d'histoire naturelle sur le plateau de Longchamp. Rendons-nous sur les lieux par le Jardin Zoologique, et qu'on nous permette, en passant près de la Faculté des sciences, de déplorer cette fatalité qui veut que rien ne se termine chez nous, et grâce à laquelle la cour de ce bâtiment est, depuis un an et plus, fermée avec de misérables planches, en attendant une grille qui n'arrive pas (1).

Quel regret pour un véritable enfant de Marseille de se rappeler, en traversant le cours du Chapitre, que cette belle promenade pouvait, moyennant une très-faible somme, être continuée jusques au bout de Longchamp. Quel triste exemple des inconvénients de l'hésitation et des fausses idées d'économie! A tout prendre, pourtant Longchamp est une promenade agréable et bien plus commode pour l'habitation que les rues Sylvabelle et Nicolas, objets des préférences de notre aristocratie commerciale, si poudreuses en été, si glacées en hiver, et qui vont pour ainsi dire se briser contre une montagne. Mais Longchamp ne sera complet qu'après la réalisation de

(1) Depuis que ces lignes ont été écrites, la grille est arrivée.
(*Note des Éditeurs.*)

son château-d'eau, qui trouvera des chutes si belles et si variées dans les terrains accidentés qui l'entourent. Alors il faut espérer que la ville voudra bien donner enfin à ce beau quartier l'éclairage au gaz, faute duquel on ne peut s'y risquer le soir sans être exposé à s'embourber dans l'allée centrale ou à se blesser à la descente inaperçue d'un trottoir.

C'est au sommet de l'esplanade de Longchamp que vient aboutir le canal de la Durance, ce travail digne d'une grande nation et qu'une ville seule a réalisé, grâce à l'initiative et à la persévérance de M. Consolat et d'un conseiller municipal dont le nom restera pour toujours attaché aux belles œuvres du chemin de ceinture, du nivellement de la Corderie, de la fertilisation de la plaine Saint-Michel et des utiles travaux de la Tourette. Le canal, arrivé, distribué dans Marseille et son territoire, a coûté 40 millions. Voyons-nous le peuple regretter cette dépense? Non, car il a des yeux et un cœur, car il sait quelle fraîcheur règne aujourd'hui dans nos campagnes, autrefois si arides ; il se repose à l'ombre sur les rochers du vallon de l'Oriol, aujourd'hui couverts d'arbres verdoyants, et il sent que de tels bienfaits ne s'obtiennent pas gratis. Que la ville ne recule donc pas devant l'accomplissement de son œuvre; qu'elle permette à ces eaux si abondantes qui sillonnent le sol de nos rues de se montrer dans des fontaines monumentales ou par de simples bornes, sur nos places publiques ou dans les quartiers populeux. Les dépenses stériles ont seules pour effet d'exciter les murmures et la colère du pauvre.

Quand on verra jaillir sur le plateau de Longchamp l'immense jet d'eau qui, en tombant, inondera de nappes et de cascades toutes les pentes voisines couvertes de vases et de statues, Marseille aura son Saint-Cloud ; car l'auteur paraît s'être inspiré de ce jardin de nos rois, et on ne peut que le remercier de nous délivrer des rocailles dont on a tant abusé.

Le palais même ne fera pas défaut, car au-dessus de toutes ces merveilles hydrauliques s'élèvera le Muséum d'histoire naturelle dont les lignes simples, mais imposantes, se dessineront si bien sur le fond bleu de l'horizon. Ce monument est une annexe indispensable du Jardin Zoologique. Les collections précieuses qui dépérissent dans un local où elles manquent d'air et d'espace, y seraient convenablement classées dans de vastes salles inondées de lumière; tous les soins nécessaires seraient facilement donnés à leur conservation, et, grâce à l'admirable position de notre ville, à ses rapports avec toutes les parties du monde, ces belles collections ne tarderaient pas à s'accroître presque indéfiniment. Quel amateur, quel capitaine au long cours ne se ferait un devoir de leur apporter un généreux tribut?

Des deux côtés du Château-d'Eau, d'immenses escaliers conduiraient le promeneur à l'esplanade où s'élèverait le Muséum. De ce point, l'œil se porte sur la vaste enceinte de la ville, dominée par le sanctuaire de Notre-Dame-de-la-Garde sur son piédestal de rochers que la mer baigne de ses flots, puis sur une partie de la banlieue, semée de blanches bastides, et que ferme une haute barrière de collines bleuâtres que le soir couvre de si belles teintes de pourpre, de violet et d'or. Derrière le Muséum, tout le plateau, fertilisé par la culture, se relierait au Jardin Zoologique et lui donnerait une grandiose entrée.

Tout le monde est d'accord, à Marseille, pour reconnaître dans ce jardin, si fréquenté par toutes les classes de la population, l'œuvre d'une pensée heureuse et féconde, que de rares intelligences ont su mener tout d'abord à bonne fin. Le site en est délicieux et pittoresque, les ondulations du terrain bien calculées, la perspective, tour à tour riante ou majestueuse, suivant que l'œil se porte vers les hauteurs des Chartreux ou sur les grandes lignes de *Marsilho-à-Veyré* et du Cap-Couronne. Les collections d'animaux grandissent de jour en jour, et on ne peut qu'applaudir aux travaux qui, en portant quelques-unes d'elles sur de nouveaux terrains, vont nous montrer les tigres et les lions devant de sombres cavernes, et le rhinocéros et l'éléphant au pied de petites collines pareilles à celles que l'on voit surgir çà et là dans les sables du désert. Le petit lac qui, dans le premier jardin, reçut d'abord un si grand nombre d'oiseaux aquatiques, va être répété dans d'autres conditions au nouveau jardin, et une immense volière nous montrera les prisonniers voltigeant au-dessus des eaux sans que le fer ait mutilé leurs ailes. Quand l'œuvre sera complètement achevée, on ne pourra nier que notre ville possède une promenade telle qu'on ne la trouve peut-être en aucun pays, et c'est un grand honneur pour notre population qu'une pareille œuvre ait pu être conçue et réalisée par une association locale et avec des capitaux marseillais.

On a parlé de relier un jour le Jardin Zoologique avec le Prado par un boulevard, partant du rond-point et continuant la ligne de la mer, jusques au terme d'où une courbe le ferait arriver jusqu'à l'entrée du Jardin. Cette entreprise aurait un résultat assez important pour l'avenir; car si notre ville doit réaliser les destinées que tout semble lui promettre, une telle voie de communication rendrait plus facile le dépècement du terrain et la création de petites maisons de campagne, si nécessaires sous notre climat à une population de plus en plus agglomérée.

Et pourquoi ne ferait-on pas des bords du Jarret, et ensuite de ceux de l'Huveaune, depuis le confluent jusqu'à la mer, une promenade ouverte au public? Le promeneur y trouverait la fraîcheur et l'ombrage, depuis la Rose jusqu'aux bosquets du château Borély, notre villa municipale, et de là jusqu'à la plage du Prado ; et pour obtenir ce résultat, il ne faudrait guère que des terrassements, quelques plantations, et parfois un léger élargissement. Combien de fois cette idée est venue se présenter à mon imagination, tandis que mes camarades et moi, sous la surveillance d'un maître d'études, nous suivions dans nos promenades du jeudi le cours de la rivière en miniature. Alors, Jarret n'avait le plus souvent qu'un bien mince filet d'eau, que les chaleurs de l'été tarissaient parfois complètement. Aujourd'hui, grâces au canal, l'eau ne manque jamais dans son lit, et les arbres qui croissent sur ses bords offrent constamment une merveilleuse fraîcheur. Si l'intérêt particulier était moins égoïste, ou si l'on veut, plus intelligent, ce rêve de mon enfance eût été depuis longtemps réalisé par la force des choses ; car les propriétés rurales qui bordent Jarret ne possèdent rien de plus frais, de plus gracieux, que les bords de ce ruisseau, qu'elles doivent cependant garnir de murailles pour éviter les inondations ; mais on trouve plus simple de se passer d'un plaisir que de le partager avec tout le monde, et le soin d'embellir, de rendre plus commodes les rives de notre charmant ruisseau, doit forcément revenir à l'autorité.

En revenant vers Marseille par la seule voie praticable, à défaut de Longchamp que je viens de parcourir, mes yeux se portent sur l'église de Saint-Vincent-de-Paul.

Que n'aurais-je pas dit, il y a quelques semaines, sur l'abandon déplorable où se trouvait le chef de cette paroisse, dont toutes les ressources avaient été absorbées par le creusement des fondations du nouveau temple et le placement de deux ou trois piliers? Mais on sait aujourd'hui que la ville est venue en aide aux paroissiens, et que 400,000 fr., payables en dix annuités, seront consacrés aux travaux. Ils seront loin d'y suffire assurément; mais les bienfaiteurs isolés reprendront courage devant cette libéralité, et nous pouvons raisonnablement espérer de voir la nef principale achevée et offrir un asile convenable et suffisant au Saint des Saints et à cette multitude de fidèles qui, dans le triste réduit actuel, étaient contraints à faire de l'assistance au divin sacrifice le prix d'une pénible lutte, pour ne pas dire d'un assaut.

Si, ce résultat une fois obtenu, l'achèvement de l'édifice devait se faire attendre encore, il ne faudrait pas oublier que Notre-Dame de Paris, entreprise sous Philippe-Auguste, n'a pu encore recevoir la dédicace solennelle, parce qu'on ne la jugeait pas complètement achevée, et que la belle cathédrale d'Orléans n'a été terminée que sous le règne d'Henri IV. J'engage cependant nos concitoyens à réfléchir sur le fait suivant :

En 1842, à Florence, on proposa de terminer, par souscription, la façade inachevée de la cathédrale. Une liste fut ouverte; en deux jours, la somme offerte pour cette entreprise s'élevait à trois millions. Marseille est-elle plus pauvre ou moins chrétienne que Florence? Et ne pourrait-on, si on le voulait bien, trouver dans un de ses quartiers les plus opulents, le cinquième ou le sixième des sommes si aisément obtenues dans la capitale de la Toscane?

Indépendamment des considérations religieuses et

locales qui rendent si impérieux le besoin d'une nouvelle église de Saint-Vincent-de-Paul, n'oublions pas que cet édifice, avec sa façade gothique, serait un bel ornement pour l'immense carrefour auquel viennent aboutir les Allées, le cours du Chapitre, le chemin neuf de la Madeleine, le cours Devilliers et la rue des Petits-Pères.

Laissons là, pour un moment, ces considérations de détail ; et, tout en reconnaissant qu'on ne peut reprocher justement un défaut d'initiative à l'administration, qui ne craint pas d'aborder simultanément trois entreprises comme celles de la Bourse, de la Cathédrale et du Palais-de-Justice, nous pourrons regretter, comme la plupart de nos concitoyens, de voir Marseille manquer encore des traits distinctifs d'une grande ville... Comment se fait-il, par exemple, que son éclairage au gaz, déjà si triste et si peu brillant, ne s'étende qu'à un rayon si borné et laisse dans les ténèbres de l'éclairage à l'huile des quartiers tels que Longchamps, le voisinage de la plaine Saint-Michel, le haut de la rue Paradis, etc. Lyon, plus peuplée, mais non pas plus importante ou plus riche que Marseille, a non-seulement établi des reverbères à gaz jusques dans les plus petits recoins de son enceinte et de ses faubourgs, mais les a portés, sur la route de Paris, jusqu'au bourg de la Demi-Lune, sur celle de Midi, à une distance pareille à celle de la Viste dans notre territoire. Pourquoi restons-nous si fort en arrière, de façon à déprécier des quartiers qui seraient assurément bien recherchés si l'on pouvait y pénétrer le soir sans risquer, à chaque pas, de s'embourber ou de faire une chute périlleuse ?

Il est un autre sujet que nous indiquerons à peine, mais qui n'en est pas moins d'une grande importance dans une ville aussi populeuse. Chacun comprend que nous parlons de la propreté, dont l'absence est, aux yeux de l'étranger, un des plus grands reproches que l'on puisse adresser à notre population. Un grand pas avait été fait par l'établissement de ces plaques polies, que rafraîchit l'eau du Canal; mais il est évident qu'elles ne sont pas assez nombreuses, et que chaque coin de rue devrait en être pourvu. Pour garantir contre de plus graves souillures les rues des faubourgs et certains quartiers peu fréquentés, le moyen le plus efficace serait d'encourager la création de ces cabinets qui, au centre de la ville, sont devenus un moyen de profits assez considérables pour qu'on ait pu, pour leur création, s'en rapporter à l'intérêt particulièr. Une surveillance exacte, une sévère répression feraient le reste; mais il ne faudrait pas oublier les causes d'insalubrité dont la population ne saurait être responsable, notamment la stagnation des eaux de certains quartiers qui ne sont point nivelés et dont le sol, tel que la pioche des manœuvres l'a laissé, n'offre aucun écoulement aux eaux ménagères et pluviales. A cet égard, le mal est grand dans notre ville, et le magistrat qui, par un moyen quelconque, saura y porter remède et réparer les torts du passé, aura bien mérité des habitants et de l'autorité supérieure.

III.

Nous voici dans les quartiers méridionaux de la ville, où il ne nous manquera pas de projets à examiner, d'idées à émettre, d'embellissements à proposer.

Puisque déjà la hache a frappé les beaux arbres qui

ombrageaient la place Monthyon et que les constructions du nouveau Palais-de-Justice ne tarderont pas à s'élever, essayons de donner quelques consolations à ceux qui regrettent de voir disparaître une place publique dans notre ville qui en possède si peu.

Qu'on ne s'imagine pas, comme le plus grand nombre peut-être des Marseillais, que cette place nous est enlevée sans compensation, et que le Palais-de-Justice devra s'élever entre quatre rues. Les bâtiments de l'Arsenal seront démolis ainsi que les maisons situées à droite et à gauche, et le nouveau palais sera découvert du côté du cours Bonaparte.

L'intervalle laissé libre par ces démolitions doit égaler, à peu de choses près, l'ancienne place Monthyon. Elle sera naturellement plus fréquentée, et n'offrira pas l'inconvénient de la première, qui, faute de grilles du côté de la rue Grignan, pouvait offrir de véritables dangers aux enfants que leurs familles y envoyaient chaque jour.

Ce quartier, assez paisible, convient à un monument où l'on doit rendre la justice. Désirons seulement que l'édifice soit digne de Marseille, et ne se ressente pas des craintes mal fondées et des mesquines jalousies dont l'action se fit sentir, plus d'une fois, dans les débats soulevés jadis par cette question. Marseille n'a pas besoin de grandir sa magistrature, mais elle se doit à elle-même de la loger convenablement, et d'offrir aux justiciables tout l'espace nécessaire pour une prompte décision des procès.

Non loin de la place Monthyon, l'hôtel de la Préfecture, habité il y a cent ans par le plus riche des négociants marseillais, semble être considéré comme insuffisant. Il est certain que, dans une ville qui est souvent visitée par de hauts personnages, et même par des souverains, on aurait besoin d'un édifice plus considérable et mieux approprié à cette hospitalité exceptionnelle. Chacun sait que le roi Victor-Emmanuel, quand il passa dans notre ville pour se rendre à Paris, dut coucher à bord de sa frégate, faute de trouver à la Préfecture assez d'espace pour sa suite.

Les bureaux de la Préfecture sont établis dans un hôtel autre que celui du préfet; mais cet emplacement ne suffit pas, puisqu'on a dû louer deux maisons, dont une sur la rue Paradis. Evidemment le service doit un peu souffrir de cet éparpillement.

Par ce motif, comme par celui de l'insuffisance du logement préfectoral, toutes les fois qu'il doit s'ouvrir à des hôtes nombreux, on a parlé bien souvent d'élever un édifice plus convenable à la destination qui peut être assignée à notre Préfecture. Jusqu'à présent, rien ne s'est fait, et cependant Nîmes élève, sur l'avenue Feuchères, un hôtel préfectoral qui est un véritable bijou d'architecture, tandis que Lyon dispose, dans son vaste Hôtel-de-Ville, de magnifiques appartements dignes de recevoir des souverains.

En admettant que l'on songe sérieusement à créer dans nos murs une nouvelle Préfecture, nous croirions devoir indiquer pour elle un emplacement tout autre que celui dont on a parlé jusqu'à ce jour, et qui, chèrement payé sans doute, n'offrirait qu'un agrandissement matériel où l'élégance et la majesté de l'édifice n'auraient rien à gagner.

A notre avis, il faudrait abattre les maisons qui ferment la place Saint-Ferréol au sud, mettre celle-ci en communication avec le boulevard Dumuy, et de l'autre côté de cette promenade, en face de la rue Saint-Ferréol, construire la nouvelle Préfecture sur l'emplacement de la rue

Montaux au grand-chemin de Rome, et de la rue Sylvabelle au boulevard Dumuy. Il y aurait là toute la place nécessaire pour les édifices qui recevraient les bureaux et leurs dépendances, et pour une cour de grande étendue sur laquelle on élèverait, d'une part, le corps de logis destiné au Préfet et à sa famille, et de l'autre le splendide hôtel réservé aux souverains, aux ambassadeurs et autres grands personnages auxquels notre ville offrirait l'hospitalité. Devant les façades latérales de la rue Montaux et du grand-chemin de Rome, on pourrait établir des *squares*, véritables corbeilles de fleurs et de verdure, qui seraient pour les deux quartiers, comme pour le palais lui-même, le plus gracieux ornement.

De ce côté de la ville, les terrains sont bien moins chers que sur l'emplacement de la Préfecture, et si l'on morcelait le sol de cet édifice, des bureaux et des jardins de l'hôtel, on obtiendrait aisément un prix qui réduirait de beaucoup la dépense des nouvelles constructions.

Un esprit entreprenant pourrait aller plus loin, et, prolongeant jusqu'à la place de Rome le cours Bonaparte, relié à la continuation de la Corderie par la place de l'Arsenal, donnerait une noble avenue à la résidence impériale qui doit s'élever à l'entrée de l'ancien port. Notre belle promenade de la Corniche arriverait ainsi par un chemin facile et convenable, jusques au centre de la ville.

Il conviendrait, en ce cas, de retirer la division militaire de l'hôtel particulier qu'elle occupe rue Armény, et de bâtir pour elle un logement sur les terrains de l'Arsenal, au sud du cours Bonaparte et en face du palais de justice. Nous n'avons pas besoin de dire combien serait avantageuse la position de cet hôtel, isolé sur trois faces par de larges rues, et ayant sa façade principale sur une promenade où deux régiments peuvent stationner au besoin.

La résidence impériale, dont nous venons de parler, sera un des lieux les plus pittoresques de Marseille. Nous ne partageons point l'opinion de ceux qui disent son emplacement mal choisi. Où trouver un coup-d'œil plus beau, plus intéressant surtout, que l'aspect des deux ports et de cette partie de la mer que tous les vaisseaux sillonnent en arrivant? Dira-t-on que le vent salin empêchera la végétation ? Cela n'est vrai que pour certaines expositions, car sur les côtes qui s'étendent d'Arenc à l'Estaque, on voit sur plusieurs points la verdure, les arbres même, arriver jusqu'au bord de l'eau, comme on le voit aussi à Saint-Mandrier, près de Toulon, et dans plusieurs golfes du département du Var. Les petits restaurants établis sur le plateau destiné à la résidence impériale avaient, dans leur voisinage, des treilles, des arbres fruitiers ; et, après tout, quand Marseille ne pourrait pas offrir, sur une roche au bord de la mer, les ombrages de Saint-Cloud ou de Fontainebleau, ce n'est pas là sans doute ce que l'administration municipale a prétendu offrir au Chef de l'Etat, mais ce que ces deux beaux séjours ne lui présenteront jamais.

On ne peut donc que féliciter de ce choix l'architecte distingué qui en a pris l'initiative et a tracé des plans d'un goût si correct, d'une ordonnance si pure et si bien assortie à cette position sans pareille (1), d'où l'œil aperçoit en face les nouveaux ports, Saint-Henri, l'Estaque

(1) Aujourd'hui que le Château Impérial est à peu près terminé, ne serait-il pas d'un bon effet de briser la toiture, qui est à distance d'un aspect monotone, par l'adjonction de dômes au centre de l'édifice et sur les deux pavillons? Le tout se dessinerait alors très-bien sur le bleu du ciel. (*Note des Éditeurs.*)

et leurs belles collines ; sur la gauche la pleine mer, et à droite l'ancien port et Marseille, dont la masse s'élève de toutes parts autour de cette forêt de mâts.

Au sortir du boulevard Dumuy, sur lequel s'étendrait la façade de la nouvelle préfecture, et à mi-côte du grand boulevard qui se dirige vers le cours Julien, la petite rue des Bergers, malgré son escarpement, est devenue la route habituelle des voitures qui se rendent à la plaine St-Michel et qui sont assez légèrement chargées pour s'épargner l'immense contour de la rue des Petits-Pères. Puisque cette route ardue est maintenant adoptée, il serait à propos de l'agrandir pour en rendre l'ascension et la descente moins hasardeuse, et de lui donner, sinon la largeur d'un boulevard, au moins celle d'une grande rue. Les immeubles n'ont pas dans ce quartier une valeur exorbitante. Raison de plus pour ne pas permettre, comme on l'a fait tout récemment, de construire des maisons, là où il eût été nécessaire d'opérer de larges expropriations de terrain.

Puisque nous avons parlé de la plaine Saint-Michel, comment se fait-il que l'on n'ait pas depuis longtemps prolongé, jusqu'à la rue d'Aubagne et au cours Julien, deux des Calades, que l'on a récemment décorées des noms des illustres échevins Dieudé, Moustier et Estelle? Non-seulement ces deux rues donneraient un accès facile à notre vaste quartier de la Plaine, mais les terrains qui séparent les rues Fongate, d'Aubagne et le cours Julien, et qui n'ont maintenant aucune valeur, offriraient à la bâtisse des terrains précieux peu éloignés du centre de la ville, et sur lesquels un nouveau quartier ne tarderait pas à s'établir.

Un projet existe pour le percement de la deuxième Calade. C'est malheureusement la plus escarpée des trois ; mais l'entreprise n'en serait pas moins utile, et à l'aide de percés bien disposés, on pourrait vaincre la différence de niveau qui existe entre la rue d'Aubagne et le cours Julien ; mais pourquoi ne pas faire pour notre troisième Calade ce que l'on a projeté pour la seconde? Serait-ce pour épargner l'acquisition de deux maisons rue Fongate et rue d'Aubagne ? Ce serait là une de ces économies bourgeoises qu'une grande ville ne doit pas connaître quand les résultats de la dépense doivent être une amélioration de la fortune publique et du revenu municipal. Le quartier de la plaine Saint-Michel, surtout depuis les travaux de 1848, est devenu une ville nouvelle, précieuse aux petites fortunes, et dont on ne saurait trop encourager le progrès.

En donnant à trois des rues Calades le nom des échevins Dieudé, Estelle et Moustier, on semble avoir oublié complètement leur digne collègue Audimar. Le chevalier Rose qui, non content d'exposer mille fois sa vie pour le salut de Marseille, lui consacra tout son avoir, a eu sa petite place carrée près de la rue Coutellerie ; on n'a pas même cru devoir joindre à cet hommage celui d'une statue, à laquelle cet emplacement conviendrait on ne peut mieux. Nous avons peine à croire que, moyennant ces petites décisions, on considère la dette de la reconnaissance publique comme acquittée. Heureusement la promenade de la Tourette, théâtre de l'héroïsme du chevalier et des échevins, le nouveau port, la cité d'Arenc, offriront des emplacements que l'on s'empressera sans doute d'utiliser.

Une seule voie qui mérite réellement le nom de charretière, relie en ce moment la ville et le quartier de la plaine Saint-Michel, c'est la rue des Petits-Pères, large et légèrement oblique et qui, dans son extrémité sud, converge avec la rue Curiol, bien alignée mais étroite et rapide; il est à regretter qu'en élargissant le point où se joignent ces deux voies, on n'ait pas poussé jusqu'à la Plaine, où l'on n'arrive encore aujourd'hui que par une sorte de brêche resserrée par de nouvelles constructions qu'il eût été bien facile de maintenir en arrière. La chose est d'autant plus fâcheuse que la rue des Petits-Pères est de jour en jour plus fréquentée, et que des diligences mêmes empruntent cette voie pour se rendre au chemin de Saint-Pierre qui, malgré la raideur de sa descente au sortir de la Plaine, obtient encore la préférence sur la première partie de la grande route.

La Plaine ou, pour nous servir du terme officiel, la place Saint-Michel, est, depuis son nivellement et ses plantations, une des plus belles promenades de Marseille. Si elle était un jour entourée d'édifices pareils à ceux qui ornent sa partie septentrionale, elle ne le cèderait guère qu'à la place Bellecour de Lyon, et véritablement, au prix où sont maintenant les loyers, on a peine à comprendre que les entrepreneurs ou les capitalistes ne sachent pas mieux calculer avec quelle facilité et quel avantage ils tireraient parti de logements établis d'une manière confortable sur un si bel emplacement.

En attendant, l'ombrage que donnent tout autour de la place les arbres plantés en 1848, est précieux pour la nombreuse population de ce quartier, comme le sont pour le reste de la ville les platanes du cours Belsunce et de la place Saint-Ferréol : il serait bien à désirer que l'on suivît cet heureux exemple, et que, dans quelques années, nos concitoyens, forcés de vaquer à leurs affaires sous les feux de la canicule, eussent du moins l'espoir d'y échapper partout où la largeur de la voie publique aurait permis d'y établir des plantations; et, avant tout, ne serait-il pas urgent de rétablir celles-ci là où elles existaient autrefois et où elles languissent en ce moment; par exemple au cours Devilliers, au Chemin-neuf-de-la Madeleine, au boulevard Mérentié, auxquels on devrait joindre le boulevard de la Liberté, si fréquenté à raison du voisinage de notre chemin de fer, et celui de la Paix, où les convois funèbres ne trouvent habituellement que la boue ou la poussière, l'ardeur du soleil, et un sol sur lequel aucun nivellement n'a eu lieu et qui fait cahoter si rudement le corbillard, tandis que le prêtre et l'assistance cherchent comme ils peuvent leur chemin sur cette terre tourmentée.

Il est trop tard pour manifester des regrets sur la disposition donnée à la gare du chemin de fer ; mais quand on a vu celle de Perrache, à Lyon, comment ne pas s'étonner qu'on ait volontairement renoncé à la belle avenue qu'on aurait pu ouvrir en prolongeant le boulevard sur le terrain du Petit-Séminaire et arrivant au bâtiment de la gare par de larges perrons qu'il eût été si facile d'orner de magnifiques cascades, de vases, de statues, de manière à terminer le boulevard plus splendidement encore que la gare lyonnaise ne termine la rue de Bourbon.

Une sorte de fatalité pèse sur nos fontaines publiques; tandis qu'à Lyon, à Bordeaux, partout enfin, l'on s'efforce de donner aux places et aux rues un embellissement que la disette d'eau rend quelquefois bien coûteux, Marseille, avec son canal, n'a pas même toutes les bornes dont elle aurait besoin, et voit ses fontaines monumentales disparaître l'une après l'autre.

On a détruit celle de la place Royale, un peu lourde sans doute, surtout depuis que le tonnerre avait abattu sa vasque supérieure, mais qui cependant, œuvre d'un architecte habile, offrait d'assez jolis détails. On a parlé quelque temps de supprimer aussi la fontaine des Allées, monument original, car la main de l'homme n'y est pour rien, et c'est la nature seule qui a rendu si fraîches et si verdoyantes les bases du vieux parnasse Beauvau. Maintenant, il s'agirait d'enlever l'obélisque de la place des Fainéants (des Capucines); ce serait là une résolution fâcheuse, car ce monument est d'un bel effet et se laisse apercevoir en même temps des Allées, de deux boulevards, du Cours et des trois rues, Tapis-Vert, Petit-Saint-Jean et Dauphine. On dit qu'il masque la colonne élevée en l'honneur de l'Immaculée-Conception; mais, vu les dimensions bornées de ce dernier monument, il ne peut guère être aperçu que de la place même où s'élève la fontaine. Qu'on ne parle pas, d'ailleurs, du vice de construction de cette place, qui l'expose à une inondation toutes les fois que la pluie est forte ou de quelque durée. C'est là un inconvénient auquel on ne peut porter remède sans se priver d'un ornement si bien placé et sans lequel la place serait tout à fait insignifiante.

Un autre obélisque, celui qui termine si heureusement, à l'extrémité du faubourg de Rome, la belle ligne commencée à l'Arc-de-Triomphe de la porte d'Aix, aurait besoin d'une réparation facile et peu coûteuse, par bonheur; il s'agirait de faire disparaître la couleur blanche des pierres qui remplacent les disgracieuses proues de navires plantées sur le monument à l'occasion du séjour que fit à Marseille le président de la République. Quelques couches, d'une couleur plus foncée, feraient disparaître cette bigarrure.

Les étrangers, et surtout les habitants du nord de la France, habitués à ne voir autour des propriétés rurales que des haies vives ou tout au plus de petits murs presqu'à hauteur d'appui, ne peuvent se faire à ces chemins poudreux et à nos murailles de clôture au-dessus desquelles s'élèvent à peine quelques tiges d'arbres à fruits. Nous serions volontiers de leur avis si l'entretien des haies vives était plus facile dans notre territoire, et surtout si cette défense offrait une garantie suffisante contre les incursions de matelots ivres, ou d'étrangers de toutes les parties du monde, auxquelles les vergers et les parterres sont exposés chez nous. Faisons du moins tout ce qui est possible : que les propriétés publiques suppléent à ce que celles des habitants ne peuvent offrir à tous les yeux, et puissions-nous surtout voir promptement réaliser les embellissements du château Borély qui, se reliant au Prado et à la Corniche, dotera notre population d'une promenade vraiment exceptionnelle, surtout si nous y voyons joindre bientôt cet établissement de bains de mer, voisin de l'embouchure de l'Huveaune et dont on nous a donné bien souvent de fériques descriptions. Assurément cette belle plage, ce ciel presque toujours pur, ce sable si doux et si fin que ne souillèrent jamais le flux et le reflux, tout cela devrait offrir aux baigneurs du Nord un tout autre charme que les froides eaux de l'Océan, que ces fonds incessamment bouleversés auxquels on ne peut atteindre qu'en se faisant secouer demi-heure de suite dans une charrette, et que ces rivages désolés que la marée couvre de débris en se retirant.

Le plan primitif du Prado nous offrait une ligne prolongée de la place Castellane à Mazargues ; ne perdons pas l'espoir de voir s'accomplir un jour ce projet, qui mettrait à quelques minutes de la ville un riant village dont la population ne cesse de grandir. Cette ligne, et celle qui joindrait le rond-point au Jardin Zoologique, seraient de précieuses communications pour les milliers de petites maisons des champs, qui, tôt ou tard, se substitueront aux propriétés actuelles.

Sur la première ligne du Prado, et assez près de la ville, une chapelle a été élevée. Elle sera utile sans doute aux ouvriers nombreux des usines qui existent dans ce quartier. Mais, n'est-il pas à regretter qu'on l'ait si tôt érigée en paroisse? Encore quelques années et on aurait senti la nécessité d'offrir à une population, devenue considérable, un lieu de prière plus digne de la troisième ville de France.

Une église importante et assez belle à l'intérieur, Saint-Joseph, se trouve encore sans façade. Espérons que la commune, aujourd'hui propriétaire de cet édifice, ne la lui fera pas attendre longtemps.

Saint-Victor, classé parmi les bâtiments historiques, va bientôt être débarrassé des masures qui serrent de près ses vieux remparts. On ne peut qu'applaudir à cette sollicitude pour la conservation d'un temple dont le souvenir se rattache aux plus grandes époques de notre histoire locale.

Du porche de la vieille abbaye, l'œil peut, de l'autre côté du port, s'arrêter sur le clocher des Accoules, si regretté jadis de notre peuple et si habilement relevé. Peut-être, dans les bouleversements qui menacent la vieille ville ou dans les coupures qui devront la régénérer, ce monument gothique de fraîche date servira-t-il de jalon pour marquer le point où l'on relèvera la belle église abattue par le vandalisme après l'arrivée de Carteaux. (1)

(1) La restauration du clocher des Accoules s'est accomplie d'après les plans et sous l'intelligente direction de M. Rey.

L'église des Accoules, réédifiée sur ses anciennes fondations,

Une autre église, celle de la Trinité, dont les exercices religieux sont habituellement fort suivis, est malheureusement placée au milieu de la rue étroite de la Palud. Si, par l'achat de deux maisons sur cette rue et sur celle de Rome, on ouvrait aux voitures un débouché en face du portail, la circulation des voitures serait aussi facile et aussi prompte qu'elle est lente et malaisée aujourd'hui.

Le sanctuaire qu'on élève en ce moment sur le sommet de Notre-Dame-de-la-Garde, a pour riche perspective la colline Bonaparte, si fraîche, si coquettement parée, et d'où l'œil domine l'étendue entière de la ville et du port. Combien ne doit-on pas regretter qu'en repoussant la proposition d'acheter les hauteurs voisines et de les joindre à l'ancienne promenade, un de nos conseils municipaux, ait, pour une économie de 40,000 fr. environ, privé à toujours notre cité d'un lieu d'agrément tel qu'on ne le retrouverait nulle part !

Parmi les travaux de détail que l'on s'étonne de voir différer si longtemps, le plus pressant, peut-être, serait l'élargissement de la rue Saint-Ferréol-le-Vieux qui unit la rue de l'Académie à la rue de Rome, et qui ne peut admettre qu'une voiture à la fois. La rue Neuve, un des rares aboutissants de la Plaine, devrait aussi voir doubler sa largeur aux dépens de la rue Piscatory et de terrains sans valeur où l'on trouverait tant d'espace pour la construction de maisons d'ouvriers. Enfin, combien ne serait-il pas avantageux d'ouvrir, à travers les monuments de la Monnaie, une communication directe entre la place des Fainéants et l'escalier et le boulevard de la Gare.

remplacerait ainsi celle de Saint-Laurent que ferait disparaître l'ouverture d'un grand boulevard en face de la Cathédrale.

Des deux côtés, la rue (celle de Saint-Dominique) est ouverte et bâtie, renversez quelques mètres de muraille, et tout sera dit.

Une compagnie importante, la *Société générale de Constructions*, vient d'apporter ses capitaux dans notre ville. Elle doit commencer ses travaux dans la rue Nicolas, qui va s'élargir à partir de la rue Breteuil, et s'étendre vers l'ouest. Sans doute nous lui devrons la chute définitive de ce système de vulgarité et de prosaïsme qui présida trop longtemps à nos constructions et qui commençait à faire place à un goût d'ornementation simple, mais convenable et élégante. Sur ce point, nous devons attendre de nouveaux et sages progrès pour lesquels la *Société Générale* n'épargnera rien. Pour faciliter cette œuvre salutaire, il faudrait donner quelques leçons de bon goût à ces peintres en maisons qui nous ont montré, dans les plus beaux quartiers de Marseille, des édifices couleur palissandre, bleu-clair, sang de bœuf, vert-criard, etc. Du reste, ces bizarreries ont trouvé peu d'amateurs.

Pour être à la hauteur de bien des villes de France, qui lui sont très-inférieures sous d'autres rapports, Marseille aurait besoin de nombreuses créations que nous n'avons pas même indiquées. Comment se passera-t-elle longtemps encore d'un Hôtel des Postes approprié aux besoins du service, et de casernes assez vastes non-seulement pour sa garnison régulière, mais pour les troupes de passage qu'elle reçoit si fréquemment. Dans une ville où les logements sont rares, coûteux et par conséquent fort étroits, on ne peut envoyer le soldat chez l'habitant sans lever chez ce dernier un tribut assez onéreux, tandis que le pauvre militaire, avec l'argent qu'il a reçu, est souvent fort embarrassé de trouver, après de longues courses, un gîte incommode et peu salubre, qu'il paie au-delà de son prix réel. Une caserne de passage serait un bienfait pour l'armée et pour la ville.

Depuis le commencement de ce siècle, la ville de Paris a dépensé, en travaux d'utilité publique et d'embellissements, une somme totale de 339,534,474 fr. Marseille, dont le budget municipal s'est élevé de trois millions à neuf, aurait à présenter un total, très-inférieur sans doute, mais cependant fort considérable. En a-t-on fait le meilleur usage et ne pourrions-nous citer des travaux sur lesquels il a fallu revenir deux ou trois fois, d'autres que l'on regrette de voir accomplis, tant le choix de ceux qui devaient les réaliser a été malheureux. Sous Charles Delacroix, Marseille employait Chardigny, et cet artiste lui donnait le *Génie de la santé* et les bas-reliefs de la *Pêche* et de la *Récolte des olives ;* sous Thibaudeau, elle prit Chinard, de Lyon, et il lui resta cette statue de la paix qui figure si étrangement au marché des Capucins. Nous nous dispensons de citer des exemples de plus fraîche date.

Marseille a eu rarement des concours, et nous ne croyons pas qu'elle ait trouvé son compte à s'en abstenir ; mais, en revanche, elle n'a pas toujours veillé, bien exactement, à ce qu'on respectât le droit d'invention, le droit d'auteur, qui, cependant, n'est pas moins sacré en architecture ou en travaux d'utilité publique qu'il ne l'est en poésie ou en littérature. Hélas ! ce mal-là règne autre part que chez nous. Trop souvent celui qui, dans ses méditations, conçut le premier germe d'une idée, qui la féconda laborieusement, qui sut lui donner une forme pratique, n'a pas toujours le bonheur de la réaliser. Cette idée qu'il développe, qu'il traduit sur le papier, qu'il offre aux magistrats et au public, n'attire que des regards distraits. Le temps n'est pas venu encore pour son exécution et on la relègue aux archives.

Puis, un beau jour, elle reparaît encore, modifiée assez légèrement, mais bien présentée à qui de droit, bien recommandée. Alors elle séduit, alors on en parle à tout le monde; elle réussit peut-être, et le véritable auteur reste à l'écart, délaissé, inconnu même, et voit tristement passer à d'autres le tribut d'éloges auxquels il avait droit.

Ainsi, la France a reçu de l'étranger les bâtiments à vapeur inventés par un de ses fils; ainsi, elle a, pour ainsi dire, soustrait au contrefacteur britannique le secret de la filature du lin dérobé à Philippe de Girard et pour lequel Napoléon Ier avait promis une récompense d'un million.

Ces injustices n'auraient pas lieu si, pour les choses d'utilité publique, tout se faisait au grand jour; si les droits d'auteur, une fois reconnus, étaient constatés de manière à ne pouvoir se perdre; si, enfin, les concours offraient à tous les concurrents une libre carrière, où chacun serait apprécié suivant ses œuvres et par un jugement public, solennel et motivé. C'est bien le moins qu'on offre de telles garanties pour un choix qui, s'il est malheureux, peut couvrir de ridicule tout une population ou porter à ses plus chers intérêts un préjudice quelquefois sans remède.

Résumons-nous :

Si nous avons dû, dans nos promenades, examiner tous les projets d'intérêt public ou d'embellissement, il est inutile, ce nous semble, d'ajouter que nous ne prétendons pas exiger pour tous une immédiate exécution. Leur énumération a pu, sans doute, épouvanter des esprits timides, et nous les entendons objecter que, s'il fallait nous écouter, Marseille serait asssurément une fort belle ville, mais à grands renforts de millions. Pourtant, qu'on veuille avec nous classer tous ces projets, et l'on verra combien toutes appréhensions doivent diminuer; alors, nous l'espérons, l'on n'accusera plus notre imagination de créer des chimères.

L'agrandissement des rues Noailles et d'Aix, n'est-il pas, en ce moment, l'objet de la sollicitude de l'administration municipale, qui trouvera dans l'Etat un puissant concours? La question des vieux quartiers n'est-elle pas à l'ordre du jour, et doit-on désespérer de sa solution, quand on réfléchit aux grands intérêts qui exigent, au moins, l'ouverture de nouvelles rues, et même aux bénéfices qu'une compagnie pourrait y trouver?

La reconstruction de la Préfecture a toujours été un vœu de l'administration, et nous avons tout lieu de penser que maintenant cette idée ne saurait tarder longtemps d'être réalisée. Nous croyons donc avoir servi l'intérêt général en désignant pour cet édifice, comme plus grandiose et en même temps plus économique, un emplacement vis-à-vis la place Saint-Ferréol. Ce projet, ainsi que la reconstruction de l'Hôtel des Douanes et de l'Hôtel des Postes, ne regarderait pas directement les finances de la ville.

Quant à l'idée que nous avons émise de faire de notre Musée un beau monument patriotique, entouré d'un jardin public depuis si longtemps désiré, nous la voyons généralement accueillie avec la plus grande faveur, et il nous semble permis d'espérer qu'elle ne trouvera pas de difficultés invincibles.

A tout cela que faut-il? Une impulsion active et généreuse, une agitation patriotique, l'esprit de suite et d'ensemble avant tout, une foi raisonnée dans l'appui que notre peuple, si ardent et si partisan des larges conceptions, accordera toujours à l'accomplissement des grandes pensées.

Alors, et avec l'achèvement des travaux commencés, la Bourse, la Cathédrale, le sanctuaire de Notre-Dame-de-la-Garde, avec le transfert du Muséum sur le plateau de Longchamp, les embellissements du Château-Borély, etc., Marseille ne pourra plus être appelée une ville sans monuments et deviendra, même sous ce rapport, une des plus belles cités du monde.

(*Gazette du Midi*, 24, 25 février, 3, 5, 6 mars 1858.)

Lettre sur les caves de Saint-Sauveur.

Monsieur le Rédacteur,

Les traditions des Vandales et des Sarrasins se conservent religieusement à Marseille, et ce sanglant sarcasme jeté à notre face *Marseille est une ville antique sans antiquités*, n'a pas encore porté pièce. Un monument, seul et unique vestige de la domination romaine, existait encore. Au moment où nous écrivons, il est impitoyablement démoli, et les pierres en sont vendues au détail à des entrepreneurs.

En présence d'un spectacle si affligeant pour notre ville, permettez-moi, Monsieur le Rédacteur, par l'organe de votre estimable journal, qui n'a cessé de prendre la défense de tous nos intérêts locaux d'une manière sinon toujours efficace, du moins toujours intelligente, de venir protester contre cette inconcevable destruction, et d'exprimer un vœu patriotique qui, espérons-le encore malgré de désespérants mécomptes, devra être entendu. Déjà, nous le savons, bien des sympathies nous sont acquises.

A l'extrémité de la place de Lenche, dans une position souterraine par rapport à cette place, mais de niveau aux rues inférieures, se trouvent cinq salles voûtées, précédées du côté de la place d'une galerie, et vulgairement connues sous le nom de caves de Saint-Sauveur, parce qu'elles étaient autrefois attenantes à l'abbaye de ce nom. Ces salles sont évidemment des constructions romaines. C'est un fait incontestable que l'on peut soutenir envers et contre tous. Elles étaient divisées en deux étages et fermées, du côté de la rue Servian, par un mur très-épais, présentant pour chaque voûte une porte et une fenêtre destinées à éclairer, l'une l'étage inférieur, l'autre l'étage supérieur. Deux voûtes, il y a peu d'années, ont été détruites pour la construction de bâtisses modernes, ce qui portait le nombre total à sept, et tout fait supposer qu'elles devaient s'étendre plus loin encore.

Des archéologues distingués qui ont étudié les lieux, entres autres les auteurs de la *Statistique des Bouches-du-Rhône* et l'abbé Faillon, cet érudit infatigable, sont d'avis, par comparaison avec d'autres édifices semblables trouvés à Rome et ailleurs, que ces salles ont dû être une caserne romaine. On peut voir là combien étaient puissantes toutes les constructions de ce peuple dominateur de l'univers, assez fier pour les vouloir éternelles et pour croire à la constante durée de son empire. Les pierres, par la vivacité de leur arête, semblent taillées d'hier, et sont si solidement posées qu'on ne les détache qu'avec la plus grande peine.

Sous ces voûtes, si admirables par leur hardiesse et leur légéreté, avaient sans doute passé ces petits soldats invincibles, la terreur des peuples germains ; à ces murs d'airain ils avaient appendu leurs grands casques, leurs boucliers ronds et cette épée si courte qui, dans le combat, brillait de mille éclairs. Là avait peut-être reposé une des légions de Varus, avant d'aller dormir du sommeil de la mort, au milieu des forêts de la Germanie, et d'y laisser blanchir ses os ; ou bien cette légion thébaine, cette phalange de héros et de saints qui, toute entière, fidèle au Christ, préféra la mort du chrétien à l'apostasie.

Il y a plus. Jusqu'à ce jour une constante tradition veut que dans la prison de ces casernes, en tout semblable à la prison Mamertine, découverte à Rome, saint Lazare ait été enfermé, et après lui saint Victor, puisqu'il était légionnaire. Notre siècle excepté, ces lieux ont toujours été l'objet d'un respect religieux, et chacun sait que le jour de la procession de saint Lazare, sa statue fait encore une station à l'angle de la place de Lenche et de la rue Radeau, comme pour perpétuer la mémoire de son triomphe.

Ce monument ne devait-il pas survivre dans notre ville à tous les bouleversements? N'évoque-t-il pas assez les souvenirs d'une époque glorieuse pour nous et d'un culte qui nous est cher? Rome ne conserve-t-elle pas fidèlement tous les édifices de ce genre? Cependant ils y sont nombreux, et chaque jour en découvre de nouveaux. Ici il en reste un seul, et voilà qu'il disparaît.

Il nous a été donné, en traversant la vieille ville, de voir le grand mur de façade entièrement démoli et les voûtes déjà attaquées. C'est avec un serrement de cœur qne nous avons entendu le marteau du tailleur de pierre tomber sur ces blocs antiques, et détruire, pour les polir, cette belle teinte rougeâtre et dorée adhérente à toutes les constructions romaines.

Cette œuvre de vandalisme s'accomplit, et pas une voix courageuse n'a encore protesté. Eh bien! c'est nous qui pousserons pour la seconde fois le cri d'alarme. Sachez-le bien, cette démolition qui passe aujourd'hui inaperçue au milieu de notre tumultueuse cité, vous fera demain la risée universelle. Demain vous serez une fois de plus montrés au doigt; les auteurs qui parleront de notre ville, les publicistes nous diront : Barbares modernes, n'accusez plus les révolutions et les transformations de votre sol de la disparition de vos monuments historiques. C'est vous, c'est votre insouciance, c'est votre apathie marseillaise, ce sont vos vues étroites de calcul et d'économie qui sont la première cause de ces destructions successives et dont vous ne vous doutez même pas. Dans toute autre ville, vos caves de Saint-Sauveur, patriotiquement conservées, seraient au grand jour, et si elles se trouvaient comme ici, dans des quartiers qui doivent se renouveler, elles y figureraient sur une place d'honneur comme un titre de noblesse historique.

Si cette construction offre tous les caractères de constructions romaines, si elle doit dès lors être rangée parmi les monuments historiques de première classe, nous ne croyons pas que sa disparition puisse être autorisée. Le droit de propriété ne saurait aller jusqu'à cet abus. Nous en appelons donc à toute la sollicitude de M. le Préfet, qui, ainsi que son prédécesseur, avait pris cette affaire en très-sérieuse considération, et l'avait recommandée, assure-t-on, à toute l'attention du conseil municipal. Mais les délibérations marchent lentement et les coups de marteau sont plus rapides. Ce qui reste encore mériterait pourtant bien d'être préservé et acquis par la ville. Il y va de l'honneur de Marseille, et nous le demandons ici énergiquement au nom de son passé si glorieux et de son brillant avenir.

Agréez, etc.

(*Gazette du Midi*, 21 janvier 1858.)

Le futur Sanctuaire de Notre-Dame-de-la-Garde.

Chaque lieu de pélerinage, chaque sanctuaire de la Sainte-Vierge a sa pieuse légende, dont l'origine se perd, d'ordinaire, dans la nuit des temps, et qui presque toujours explique son invocation spéciale. Ici, un noble chevalier, revenu sain et sauf de la Palestine, où il a signalé sa valeur non moins que sa piété, élève sur les flancs d'une roche abrupte une chapelle en l'honneur de Marie, protectrice des voyageurs et des soldats ; ailleurs, un bon solitaire, après de longues années de vertus, est mort dans sa grotte, et l'on y a trouvé une statue de bois, grossièrement sculptée, représentant la mère de Dieu. Le renom du défunt s'est attaché à cette image, et désormais les infirmes et les malades viendront, pleins de confiance et d'espoir, s'agenouiller devant elle.

Notre-Dame-de-la-Garde, ou de la Vigie, dont le sanctuaire domine la Méditerranée, était la patronne naturelle d'une ville de marins et de négociants. Aussi la roche grisâtre et dénudée sur laquelle s'élevait son vieux sanctuaire, cachée dans les flancs d'un château fort, est-il le but de pèlerinage des voyageurs prêts à s'élancer aux extrémités du monde, le lieu de réunion des matelots échappés comme par miracle à la tempête, le rendez-vous du bon peuple de Marseille aux grandes solennités.

Assurément, ces voûtes que le temps avait noircies, ces

piliers massifs, ces épaisses murailles couvertes de naïfs *ex-voto*, parlaient bien éloquemment aux cœurs, et ce n'est pas sans regret que notre ville les a vus tomber sous le marteau. Mais Marseille grandissait toujours et la chapelle avait depuis longtemps atteint ses dernières limites. Une grande résolution était devenue nécessaire, on a voulu offrir tout ensemble à la pieuse population Marseillaise, un lieu de prière plus vaste, un sanctuaire plus digne , par sa splendeur, de la Mère de Dieu. Les constructions commencent à se dessiner, et le moment semble venu de dire ce que sera le nouveau temple et jusqu'à quel point il doit accomplir les vœux de ses fondateurs.

Un jeune architecte déjà honorablement connu et d'un bel avenir, M. Espérandieu, a tracé les plans de la future chapelle.

Construit dans le style roman-byzantin, le saint édifice sera précédé par un immense perron partant de la base du fort et qui conduira les fidèles jusques sous le porche ou vestibule, qui, lui même, servira de base au clocher, d'une hauteur de 45 mètres (135 pieds) au-dessus du sol, sans compter la statue de la Vierge qui en couronnera le faîte et dont la main protectrice semblera bénir l'antique cité, son territoire, aujourd'hui si frais et si verdoyant et les flots azurés de cette mer, trésor du commerce et de l'industrie (1).

L'église, à laquelle on arrive par ce porche, sera formée de trois nefs, du transept et de l'abside.

(1) Quand il fut question de l'érection de la nouvelle chapelle, un horloger de notre ville, M. Benet, proposait d'établir sur le futur clocher une horloge dont l'immense cadran, éclairé la nuit, servirait au loin de phare, et qui, utilisant le bourdon, ainsi que

La grande nef n'aura que 5 m. 20 c. de largeur. C'est bien peu, surtout pour les jours de fête, d'autant plus que les nefs latérales n'auront que 3 m. 80 c. et formeront chapelle. Combien ne doit-on pas regretter que, pour un édifice dont l'étendue devait être bornée, on n'ait pas compris la nécessité de ne perdre aucune partie du terrain. La Sainte-Chapelle de Paris, avec son unique nef et son admirable architecture gothique, offrait un modèle, qui pouvait sans doute être modifié, mais dont l'ensemble était précieux. Quel effet n'aurait pas produit, vu des parties découvertes de la cité, des divers points de la rade ou de nos quartiers ruraux, ce temple aux formes sveltes, élancées, avec ses flèches élégantes et sa grande aiguille surmontée d'une statue dorée étincelant au soleil.

Mais s'il n'a pas été modelé sur le chef-d'œuvre dû à la piété de saint Louis, si le choix de ses proportions intérieures doit tromper jusqu'à un certain point la pensée d'agrandissement que conçurent ses fondateurs, le nouvel édifice aura du moins pour lui la richesse des matériaux dont il sera formé. Sans doute la perfection de l'art gothique aurait mieux valu que cette richesse ; sans doute celle-ci touchera peu les voyageurs qui ont vu les églises de marbre et d'or de l'Italie, mais cette chapelle n'en sera pas moins précieuse pour nous, si pauvres en monuments sacrés.

Tous les revêtements intérieurs de la chapelle doivent être en marbre blanc de Carrare ; le marbre rouge d'Afri-

cela se pratique en bien des villes, à Venise entre autres, donnerait jour et nuit l'heure à Marseille et à la banlieue. Cette idée nous paraît heureuse. Nous la signalons de nouveau à qui de droit, et nous aimons à penser que sa réalisation ne trouvera pas de difficulté.

que servira pour les soubassements. Les pilastres de la grande nef, qui auront 11 m. 50 c. de hauteur jusqu'à la retombée de la voûte, seront d'un bel effet. Nous regrettons seulement qu'ils présentent des veines un peu trop fortes.

La voute, à plein-cintre, sera probablement ornée de peintures à fresque et de dorures ; nous préférerions un simple azur semé d'étoiles d'or ou d'argent. Cette représentation symbolique du ciel se retrouve dans beaucoup d'églises ogivales, notamment à la Sainte-Chapelle, à Saint-Maurice de Vienne, et Notre-Dame de Paris, quand elle sera complètement restaurée, offrira aussi cette gracieuse décoration.

Les chapelles que formeront les nefs latérales auront leur autel particulier tourné vers le maître-autel, c'est-à-dire appuyé contre le mur qui sépare les chapelles, au nombre de trois pour chaque nef; chacune d'elles aura sa fenêtre qui éclairera l'intérieur de l'église.

Le transept, disposé en tribune dans sa partie inférieure, sera soutenu par des colonnes de marbre des Alpes, dont on connaît la belle couleur verte. Dans sa partie supérieure, il présentera deux grandes fenêtres géminées que couronnera une rosace rayonnante ; les arcs de ces fenêtres et de celles des nefs seront supportées par des colonnes de marbre des Alpes.

L'abside, dominée par une coupole haute de 15 mètres environ et du diamètre de 9 m. 50 c., sera terminée par une chapelle semi-circulaire où seront placés le maître-autel et la statue de la sainte Vierge.

Un grand artiste allemand, Muller, de l'école de Dusseldorf, connu pour sa fidélité aux traditions de l'art chrétien, est chargé des peintures qui doivent ajouter encore à l'éclat de cet intérieur. Immense et noble travail, capa-

—

ble de passionner un homme de talent, et qui doit embrasser la coupole, l'abside et s'étendre sur tous les murs des nefs latérales.

De la chapelle supérieure on descend dans la crypte, qui est à peu près de la même étendue. Primitivement elle ne devait pas dépasser les limites de l'abside et ce changement inattendu explique le peu d'élévation de la voûte dans ce temple souterrain.

Les soubassements qui supportent cette voûte se composent de fortes colonnes et de pilastres. Sous la retombée des arcs règne un cordon, formé d'enroulements entremêlés de feuillages.

La crypte est déjà décorée d'un pavé en marqueterie et d'un autel dans le style du XIIe siècle. Sur cet autel, d'une pierre de Florence, dite colfaline, que soutiennent quatre colonnes de marbre, circulent des ornements et des guirlandes, taillés dans la pierre et dorés.

Des fenêtres garnies de verre dépoli, établies dans chaque travée, donnent à la crypte une lumière douce et suffisante.

A l'extérieur, la chapelle est bâtie en pierre de Calissanne, dont la teinte blanchâtre sera relevée par des soubassements, et de distance en distance par des cordons de colfaline d'une couleur bleue pâle. Comme à l'intérieur, des colonnes de marbre des Alpes soutiennent les arcs des fenêtres, et une rangée de ces mêmes colonnes, partant des arcs, entourera l'abside à partir du point où s'arrête le transept.

De la hauteur où s'élève le sanctuaire nouveau, l'observateur peut aisément embrasser presque tout le territoire de Marseille, avec son enceinte de hautes collines, où nos ancêtres les Phocéens campaient comme dans une vaste forteresse facile à défendre contre les incursions gauloises, tandis que la vaste mer s'ouvrait sans obstacle à leurs vaisseaux. Nul doute qu'après l'achèvement de la chapelle on s'occupera d'établir autour du fort une vaste esplanade qui permettra d'embrasser aussi du regard le panorama qui se déroule du côté du Prado, et que dominent d'une part la belle montagne de Marsiho-à-Veyré ; de l'autre, les collines de Mazargues et de Ste-Marguerite, si belles quand le soleil, se levant sur l'horizon ou prêt à disparaître sous les flots, les couvre de teintes violet et or.

Devant la chapelle et sur les autres côtés du fort, c'est Marseille avec sa banlieue constellée de blanches villas, qui se détachent sur le vert foncé de nos riantes campagnes ; plus loin, les montagnes de la Viste et de l'Estaque, qui se fondent si harmonieusement dans l'azur de notre ciel, et puis notre Méditerranée si belle, si éblouissante.

Trop familier avec ces splendeurs, le Marseillais ne les apprécie qu'à ses heures et quand l'esprit, enlevé momentanément aux préoccupations commerciales, laisse parler le cœur ; mais comme ce magnifique tableau frappe l'imagination du voyageur intelligent, de l'écrivain, du poète ! Sachons, du moins, leur rendre faciles les abords de ce magnifique panorama.

Qu'il nous soit permis d'exprimer un autre vœu, auquel tous les Marseillais applaudiront, celui du reboisement de la colline de Notre-Dame de la Garde, couverte d'épaisses forêts au temps des Gaulois et maintenant presque entièrement dépouillée de toute verdure. Qu'on ne s'effraye pas de l'idée de repeupler ces roches désertes ; avec du travail et de l'eau tout est possible ; bien des gens se souviennent d'avoir vu aussi aride que Notre-Dame de la Garde ce Mont-d'Haussez, dont la verdure accompagne si bien, à Nîmes, celle du jardin de la Fontaine. Quel effet prestigieux ne présenterait pas notre sanctuaire, si, au lieu de s'élever sur un rocher aride, il se montrait comme suspendu dans les airs sur un piédestal de verdure.

Et maintenant, vous tous dont le cœur ne peut se faire à la pensée que Marseille, après vingt-quatre siècles d'existence, attend encore un monument digne de sa renommée, ne souffrez pas que, pour une vile question d'argent, votre sanctuaire demeure inachevé. Songez que, suivant des paroles, en quelque sorte officielles :

« L'empressement des contrées éloignées auxquelles « on avait fait appel n'a pu suffire à la réalisation com- « plète de la loterie dont le produit est destiné à la re- « construction du pieux monument, et que Marseille est « intéressée en première ligne au succès prompt et com- « plet de la noble entreprise ; car le sanctuaire reconstruit « doit être son orgueil et attester, aux yeux du monde « entier, sa reconnaissance et la foi catholique de ses ha- « bitants. »

« Le troisième tirage est fixé au 2 juillet 1858, et ne « sera ajourné sous aucun prétexte. »

Prévenons l'expiration de ce délai, et que la chapelle sainte s'achève enfin avec l'or du riche et le denier de la veuve ; car pauvres ou riches, nous sommes tous Marseillais, tous chrétiens (1).

(*Gazette du Midi* du 20 Juin 1858.)

(1) Ce vœu vient d'être réalisé, grâce à l'initiative de notre nouvel Evêque, Mgr O'Cruice.

(*Note des Éditeurs.*)

Quelques mots sur la Rénovation des vieux quartiers.

Nous avons déjà exprimé dans ce journal, il y a près d'un an, notre pensée sur la question des vieux quartiers: *Adoption d'un plan général. — Exécution graduelle et périodique.*

Depuis lors, au milieu des agitations et des opinions diverses qui se sont produites au sujet de cette affaire, notre manière de voir est restée la même. Il ne pouvait en être autrement; car nous n'avions parlé qu'après avoir écouté, pesé tous les avis, et nous avions ainsi la conscience que nos paroles étaient l'expression vraie de l'opinion publique. Aussi, quand arriva le jour de la discussion et que tous les esprits s'occupèrent de la rénovation de la vieille ville, ce sentiment général, chaleureusement défendu dans la *Gazette du Midi* avec une vigueur remarquable d'argumentation, et par l'organe d'un talent que Paris ne conteste pas et reconnu encore cette fois, ce sentiment, disons-nous, prévalut facilement dans les projets de renouvellement et d'embellissement du programme municipal.

Aujourd'hui, nous venons soumettre au public quelques réflexions que l'étude de cette question importante nous a suggérées.

Une des principales difficultés à prévoir pour la régénération des vieux quartiers, c'est la nécessité, tout le monde le comprend, de trouver ou de construire des logements pour les classes ouvrières qui occupent aujourd'hui en si grande majorité les habitations de la vieille ville.

Mais d'abord, admettons et posons même en principe, pour ne point tomber dans des demi-mesures, dans des moyens termes, que la démolition de la vieille ville doit amener, tôt ou tard, comme résultat irrésistible, la transformation de ces quartiers populaires en quartiers bourgeois et surtout marchands. Ce résultat ne saurait être contrarié que par des imprévoyances, des incertitudes et des lenteurs que le passé pourrait bien nous faire craindre, mais que nous ne pouvons plus admettre dans les circonstances présentes, puisque ici on ne marchera plus à l'aventure, mais sur les indications de plans tout tracés et de travaux arrêtés.

Cette transformation, que l'on pourra bien nier aujourd'hui, nous la trouvons dans l'avenir de Marseille, que chacun pressent devoir être si grand, et dans l'admirable position de la vieille ville.

Nous ne pensons pas caresser ici une chimère. Les incroyables agrandissements de Marseille, durant un quart de siècle, ne nous avertissent-ils pas de nous attendre à la plus étonnante progression? Mais, pour le moment, qu'on veuille bien jeter avec nous les yeux sur le plan de la ville; qu'on regarde seulement cette magnifique situation du vieux Marseille, assis entre les deux grands foyers d'activité : d'un côté, l'ancien port, qui sera toujours, de l'avis des marins, le port par excellence; de l'autre, les trois nouveaux ports, les docks et la gare maritime, et on reconnaîtra que si, dans l'espace de quelques années, la population de Marseille a déjà doublé, nous n'exagérons rien. On conclura donc avec nous que, sans préjudice pour les quartiers les plus en faveur aujourd'hui, cette vieille ville, bientôt traversée en tous sens par de grandes artères et de larges boulevards qui abrégeront d'un tiers les distances actuelles, sera le centre d'un mouvement continuel de voitures et de piétons. Il faut donc ne point aliéner cet avenir, et pourvoir, d'ores et déjà, à toutes les difficultés qu'un si vaste travail doit nécessairement entraîner.

Une de ces principales difficultés, avons-nous déjà dit, se trouve dans le déplacement successif des classes ouvrières, dans la nécessité de les loger en grande partie à distances convenables des ports, et, partant, de penser à leur trouver ou à leur édifier des habitations appropriées à leur état et à leurs modiques ressources.

Sur 60,000 habitants que renferme la vieille ville, on peut en déduire 15,000 environ, dont quelques-uns appartiennent aux classes élevées de la société, et les autres à la classe aisée du peuple. Mais il reste 45,000 personnes au moins qui, en l'état actuel, ne trouveraient de logements, ni dans la nouvelle ville, ni peut-être même dans les faubourgs.

Or, comment trouver des emplacements pour loger, non-seulement ces 45,000 habitants, mais bien 60,000, si l'on fait la part de l'accroissement de population, que devra même hâter, dans les classes ouvrières, l'exécution de nos grands travaux?

Comment, avec la cherté excessive des terrains et le prix des constructions, trouver des lieux où l'on puisse bâtir dans les conditions essentielles de distance, de solidité, de salubrité et en même temps de loyers économiques? Pour arriver au but que nous indiquons, il est nécessaire d'acheter des terrains dont le prix ne dépasse pas 10 francs le mètre carré, et nous voyons que les moins chers et les plus éloignés de l'ancien Lazaret sont tenus à 50 francs, et que ceux des nouveaux quartiers qu'une compagnie va former aux Catalans, sont déjà arrivés, nous assure-t-on, au prix de 30, 40 et 50 fr.

Pourtant, il importe de détourner les graves dangers que nous avons signalés, et avec d'autant plus d'urgence que toutes les constructions qui ont eu lieu en 1859 ont déjà causé un déplacement d'ouvriers par les classes aisées, et que nous avons vu des milliers de travailleurs n'arriver dans notre ville que pour en repartir bientôt après faute de logements.

Avec les chiffres que nous avons indiqués plus haut, la spéculation particulière ne pourra guère remédier au mal. Il lui faudra des moyens extraordinaires, et même peut-être de grands sacrifices.

Voici donc, pour notre part, les mesures que nous proposerions :

1° Que la municipalité cède à une compagnie tous les terrains qu'elle possède au quartier de Saint-Lazare, au prix de 10 fr., et à la condition d'y élever des maisons solides et bien aérées pour les classes ouvrières, et que, durant cinquante années, leur destination ne puisse être changée ;

2° Que la ville traite avec l'Etat pour se faire céder ou bien que l'Etat cède à une compagnie, aux mêmes conditions et au même prix de 10 francs au plus, attendu les frais de nivellement, le vaste emplacement du fort Saint-Nicolas, devenu complètement inutile pour la défense de la ville ;

3° Que l'autorité supérieure et l'administration municipale pressent l'exécution des docks concédés depuis 1855 et à peine commencés ; les docks achevés doivent enlever aux domaines de Rive-Neuve, du Canal et de la rue Sainte, avec le privilége d'entrepôt réel, le droit de contenir les marchandises sous les clés de la douane. Il y aurait peut-être dans ces quartiers grand nombre d'immeubles d'une étendue immense qui changeraient de destination et pourraient alors facilement être convertis en habitations ouvrières sans que les intérêts des propriétaires, croyons-nous, eussent à en souffrir, vu la multitude de petits ménages qu'on pourrait y établir. Du moins le voisinage du port et des nombreuses fabriques de ce quartier nous fait-il croire à cette transformation. Mais si, toutefois, ces immeubles devaient être occupés par les classes bourgeoises et marchandes, ce serait toujours pour le peuple tout autant de facilité à trouver des logements vers d'autres directions;

4° Enfin que dans la nouvelle ville de la Plaine, si bien aérée et si régulièrement percée, l'établissement de cités ouvrières, ou mieux encore de quartiers populaires, soit encouragé pour cette partie des classes laborieuses qui, par son genre particulier de travail, n'a pas besoin de se trouver à proximité de nos grands centres d'activité.

De tels actes de prévoyance sont le rigoureux devoir de l'administration locale. L'exemple de Paris est pour nous, ce me semble, un avertissement assez significatif. L'ouverture des grandes artères qui, dans la capitale, ont traversé et détruit les quartiers les plus populeux; les démolitions si nombreuses et si hâtives qui en ont été la conséquence, ont, depuis 1848, fait doubler et tripler les loyers. Le mal a été si grand que l'on a dû se hâter d'y remédier au prix des plus énormes sacrifices, et que l'Empereur même a fait construire, avec les fonds de sa cassette particulière, quelques cités ouvrières pour venir en aide aux familles nécessiteuses.

Si nous insistons tant sur l'importance de cette question, c'est qu'outre le point de vue de philantropie et de bien-être du peuple, l'avenir commercial et industriel de Marseille s'y trouve en jeu; car la vie à bon marché et le bas prix des logements sont les conditions de salaires raisonnables. Chacun sait qu'à Marseille les denrées alimentaires sont plus chères que dans aucune autre ville de France, et si, à cette cherté des vivres vient encore s'ajouter une augmentation extraordinaire dans les loyers, les journées de l'ouvrier devront monter à un prix tellement excessif que le commerce et l'industrie pourraient bien en subir de tristes conséquences.

Le moment nous a semblé venu de présenter ces réflexions.

L'ensemble des projets que le Conseil municipal propose est vaste. Il a les sympathies de la population ; mais il doit être réglé, non-seulement sur les besoins du présent, mais encore d'après les éventualités de l'avenir.

Ces diverses mesures que nous venons d'indiquer pourraient conserver aux loyers un prix normal quand le marteau frappera cette vieille ville, en même temps qu'elles faciliteront le travail des expropriations.

Un autre jour, nous pourrons examiner cette même question des vieux quartiers au point de vue des plans de reconstruction et de leur exécution graduelle (1).

(*Gazette du Midi* du 11 février 1859.)

(1) Comme il arrive souvent à Marseille, en toutes choses, la question si importante des vieux quartiers, qui occupait alors tous les esprits, fut tout-à-coup abandonnée. On trouvera, à la fin de l'ouvrage, quelques idées de nature à compléter cet article.

(Note des Editeurs.)

La future Eglise de Saint-Vincent-de-Paul.

Grâces au ciel, notre ville semble échapper enfin à ce léthargique sommeil que les artistes lui ont tant reproché; tandis que nous voyons s'élever, sur des proportions plus ou moins grandioses, le Palais-de-Justice, la Bourse, et que la villa impériale grandit peu à peu sur ses rochers, plusieurs de nos quartiers s'enrichissent de monuments sacrés dignes de la vieille foi marseillaise; la Cathédrale, Notre-Dame-de-la-Garde, Saint-Michel, Saint-Vincent-de-Paul, dans des styles différents et des proportions inégales, prouveront que l'art chrétien, trop long-temps délaissé et livré aux sottes railleries de l'impiété, ne s'est jamais complètement éteint parmi nous.

Dans un article sur les Augustins réformés, que M. Régis de la Colombière a publié dans la *Gazette du Midi*, il y a quelques années, les dimensions de la future église de Saint-Vincent-de-Paul ont été indiquées avec exactitude. Nous venons en présenter maintenant une description, la plus complète possible, et telle que nous l'avons donnée pour le sanctuaire de Notre-Dame-de-la-Garde.

Les plans remarquables que l'architecte, M. F. Reybaud, a bien voulu mettre sous nos yeux à la suite d'une visite à ses chantiers, ont été adoptés après concours. C'est un exemple encourageant pour notre ville, car ces plans ont rempli les vœux de la commission et surmonté, autant que possible, les difficultés présentées par des terrains inégaux, en pente rapide et resserrés dans un étroit espace entre le cours Devilliers et la rue des Deux-Empereurs. Tout fait espérer enfin que, par une intelligente exécution, ces plans doteront notre ville d'un édifice sacré égal, sinon supérieur, à Sainte-Clotilde, de Paris, cette belle église ogivale qui vient d'être ouverte aux fidèles.

Le style général de notre temple sera tel que le conçut la première partie du XIIIe siècle, c'est-à-dire l'époque où la France vit s'élever les merveilleuses cathédrales de Paris, de Reims et de Bourges.

Pour donner une description vraiment exacte et complète, représentons-nous le saint monument totalement achevé, et arrêtons-nous un instant devant la principale façade, qui doit s'élever à peu près sur l'emplacement de celle qui existe aujourd'hui; nous pénétrerons ensuite dans l'église pour en parcourir les nefs, le transept, le chœur et l'abside; nous sortirons par la grande porte du transept, qui ouvrira sur le cours Devilliers, et donnerons enfin un coup-d'œil aux façades latérales.

Un vaste perron, de 23 marches, ayant un repos à la moitié de sa hauteur, conduira à la façade.

Cette façade se divise en trois parties dans sa largeur et en trois étages dans son élévation. Les deux tours qui l'accompagnent la dépassent d'une hauteur considérable. Quatre grands contreforts marquent, à partir du sol, la largeur des tours, et dessinent, en quelque sorte, la disposition des collatéraux de l'église.

Trois portes ogivales s'ouvrent sur les trois nefs. La grande porte, de quatre mètres de largeur, se divise en deux baies que sépare un pilier-trumeau décoré d'une statue dans une niche richement sculptée. Cinq colonnettes détachées, auxquelles seront adossées des statues, précèdent cette porte et supportent des voussures décorées de statuettes, de feuillages et de divers ornements. Le tympan de la grande porte est décoré d'un bas-relief représentant la résurrection des morts et le jugement dernier. Les voussures sont surmontées d'un galbe ou fronton triangulaire orné sur ses rampants de crossettes ou feuilles à crochets.

La hauteur de cette porte, y compris le tympan, est de 8 metres 50 : les portes latérales, dans de plus petites dimensions, sont disposées à peu près de même et avec des ornements analogues ; mais, cependant, elles ne seront pas divisées par un pilier-trumeau. Le tympan de celle de gauche représente la mort de la Sainte-Vierge et son couronnement dans le ciel. A la porte de droite, le tympan présentera la mort et l'apothéose de saint Joseph.

Sur chacun des contreforts, et à la hauteur où les voussures commencent à se courber, seront placées des niches avec colonnettes surmontées de clochetons et dont chacune renfermera une statue. Deux niches semblables se trouveront, en retour d'équerre, sur les deux extrémités de la grande façade, c'est-à-dire sur chacune des façades latérales.

A l'étage supérieur, au-dessus des portes, court une galerie à jour, formée de colonnettes avec ogives. A la hauteur des contreforts se retrouvent des niches avec statues et clochetons. La hauteur de cette galerie est de 3 mètres 30.

Au-dessus de la galerie règne une balustrade découpée en quatre feuilles.

Derrière cette balustrade est un passage formant terrasse.

Au troisième étage et dans chaque tour, ou mieux, dans la partie du portail qui est au dessus des portes latérales s'ouvrent de grandes fenêtres ogivales, très-riches, très-ornées, que divise en deux baies un meneau à colonnettes et que surmonte une rose. Dans le tympan, entre les deux ogives, un arc ogival enveloppe le tout et repose sur de légères colonnettes.

Au centre, au dessus de la grande porte et, par conséquent, entre les deux tours, s'épanouit une rosace magnifique ayant 5 mètres 50 de diamètre, et que surmonte un arc ogival appuyé sur des colonnettes.

Les contreforts sont ornés de clochetons avec statues, et, comme aux étages inférieurs, une niche est placée en retour d'équerre à chaque extrémité des façades latérales.

Sur ce dernier étage règne une petite galerie composée de colonnettes, avec arcs trilobés et main coulante, pour faire le tour de l'édifice.

Dans sa partie centrale et entre les deux tours qui maintenant s'élancent libres et dégagées dans le ciel, l'édifice se termine par un grand fronton, qui affecte la forme triangulaire de la voûte. Ce fronton, qui est orné de crosses végétales, se termine par un grand pompon surmonté lui-même d'une haute croix dorée de 2 mètres 80 environ.

Au centre du fronton, une grande et belle niche recevra la statue en pied de saint Vincent-de-Paul, patron de l'église. Cette statue, haute de plus de deux mètres, dominera toute la façade.

Les deux tours ou clochers, avons-nous dit précédemment, dépasseront le portail d'une élévation considérable; elles auront deux étages depuis la dernière galerie jusques à la naissance de l'aiguille; en se dégageant, elles deviennent octogones et sont flanquées de contreforts que surmontent quatre clochetons très-ornementés.

Le premier étage, où les cloches devront être placées, est percé sur ses quatre faces de quatre grandes baies ogivales, qui seront surmontées à l'étage supérieur par d'autres ouvertures que partage en deux un meneau ou traverse avec arc ogival, colonnettes, etc., et terminées par des galbes ou frontons, décorés de feuilles à crochet sur leurs rampants et couronnés de pompons.

Les flèches s'élèvent ensuite dans la forme octogone. Leurs arêtes sont ornées de crochets ou crosses végétales, et se terminent dans les airs par un grand pompon.

La hauteur du monument sur sa principale façade sera de 29 mètres, à partir du sol jusqu'à la dernière corniche; de 35 mètres du sol au pied de la croix, et de 38 mètres 50 centim. environ à l'extrémité de celle-ci.

Les tours, à partir de la dernière galerie à la base des aiguilles, présentent une hauteur de 31 mètres, dont 14 de la galerie à la naissance de l'aiguille, et 17 mètres de ce point au sommet de celle-ci; ce qui leur donne une élévation totale de 60 mètres.

Ainsi, grand perron, trois vastes portes avec colonnettes, voussures, tympans et frontons; galerie à jour, grande rose et fronton sur les trois portes, tours à trois étages garnies de fenêtres et de flèches, tel est l'aspect général de la façade.

A l'intérieur, l'édifice, en forme de croix latine, se compose de trois nefs, du transept, du chœur et de l'abside. Il mesure en hauteur, sous la clé de la grande voûte, 25 mètres; sa longueur totale sera de 65 mètres, la largeur de la grande nef sera de 9 mètres 40 centim.; celle de chacune des nefs latérales, 5 mètres 17 centim.; en tout 19 mètres 75 cent., et au transept 28 mètres.

Du seuil de la grande porte au transept, le nombre des travées est de six. Une travée, beaucoup plus grande, forme le transept ; le chœur a deux travées et l'abside sept, qui rayonnent à un centre commun.

On franchira deux marches pour passer du transept au chœur et deux autres pour arriver à l'abside.

Chaque travée des collatéraux ou bas côtés a une chapelle prise dans la saillie des contreforts. Les chapelles correspondant aux travées du chœur seront prises dans la même saillie, mais auront une profondeur plus considérable.

Chacun des deux côtés aura son abside, profonde de 3 mètres 80 cent., et, à l'extrémité de ces absides, des escaliers seront placés pour conduire sur les toitures.

Les voûtes se divisent en travées au moyen d'arcs doubleaux, croisés de nervures. Les clés sont richement sculptées de fleurons. Quatorze piles isolées supportent de chaque côté la voûte de la grande nef. Ces piles ont 18 mètres de hauteur ; des feuilles à crochet composent leurs chapiteaux.

Les quatre piles du transept, ainsi que les deux qui, placées isolément, supportent les tours, sont formées d'un faisceau de seize colonnettes, dont quatre, plus fortes que les autres, sur les angles saillants. Les autres piles sont formées de huit colonnettes, dont quatre, plus fortes, aux angles.

Au-dessus des arcs de la nef règne une galerie ou *triforium*, composée de colonnettes et arcs ogivaux. Cette galerie court autour du transept et enveloppe le chœur et l'abside. Derrière, on a laissé un passage pour faire intérieurement le tour de l'église.

Sur ce *triforium*, entre les piles, se dressent les croisées, de 7 mètres environ d'élévation. Elles sont divisées en deux baies égales par un meneau et surmontées d'une rosace.

Dans le transept, une grande rosace, analogue à celle de la façade principale, sera établie au dessus de la porte, du côté de la rue des Empereurs comme du côté du cours Devilliers. Chaque travée des nefs latérales, dont les piles ont 7 mètres du sol au chapiteau, est éclairée par une grande fenêtre ogivale de 6 mètres 60 cent. Ces fenêtres seront placées dans les chapelles.

Les autels des chapelles seront *orientés*, c'est-à-dire placés dans la même direction que le maître-autel, et tous dans le style architectural de l'édifice. Chacun d'eux sera pourvu d'une piscine, variant d'ornementation.

Les rosaces et les principales fenêtres doivent être en verres coloriés et les autres en grisaille.

En sortant par le côté gauche du transept pour gagner le cours Devilliers, on devra descendre six marches, tandis qu'on en montera six pour arriver à la rue des Empereurs. Ces deux perrons seront établis pour compenser la grande différence de niveau de ces deux parties de la voie publique.

Le transept se trouve en saillie de 5 mètres environ sur les façades latérales, et forme un beau portail très-ouvragé. La porte est pareille à la porte principale de l'édifice. Elle est divisée par un pilier-trumeau avec une statue. Le portail du cours Devilliers est dédié à saint Vincent-de-Paul; ce sera donc son image qui ornera la niche du pilier-trumeau, et c'est un sujet tiré de sa vie qui remplira le tympan. Au dessus de la porte s'étagent une galerie à jour et la grande rose surmontée d'un galbe avec feuilles à crochet et pompons. Les quatre contreforts qui servent à butter le transept supportent des clochetons avec niches et statues.

Chaque mur de chapelle, le long des façades latérales, est butté par un contrefort extérieur, décoré de corniches avec niches à statues et clochetons.

Au dessus des contreforts sont établis des arcs-boutants terminés par une galerie à jour avec clochetons. Une balustrade couronne la nef.

Cette description dans laquelle, pour éviter de trop longs détails, nous nous sommes bornés à indiquer les dimensions de l'édifice et ses divisions, suffira, nous en avons l'espérance, pour prouver que l'église de Saint-Vincent-de-Paul offrira enfin dans notre ville, jusqu'à présent si desheritée, un véritable monument. Alors, sans doute, s'éteindra le préjugé trop répandu, qui refuse aux peuples du Midi le goût et la possession de l'architecture gothique, tandis que l'Espagne, avec un ciel plus splendide assurément que le nôtre, compte tant de chefs-d'œuvre de ce genre, et entre autres l'admirable cathédrale de Burgos.

Ajoutons encore que nul emplacement ne pouvait être plus favorable au style ogival que celui de Saint-Vincent-de-Paul. Un monument élancé, aux lignes légères et capricieuses, pouvait seul convenir à ce carrefour irrégulier où pourtant viennent aboutir tant de grandes artères. Seule, l'église de Saint-Ferréol (les Augustins) pourra égaler dans notre ville l'originalité et le pittoresque de cette situation et l'emporter même en quelques points.

Mais là il faudrait un style tout différent pour s'harmoniser avec la grande ligne de nos quais, avec la forêt de mâts qui se presse devant elle. Vienne l'architecture classique ou plutôt ce style lombard qui pourrait nous donner quelque chose comme *Santa-Maria-della-Salute*, sur le canal Grande, ou l'église *del Redentore*, ou celle de *San-Giorgio*, sur la *Giuddecca*, à Venise.

C'était un devoir pour nous de rappeler à ceux qui l'ont trop oublié, peut-être, ce que vaut une église dont l'aspect misérable, la vétusté, les proportions exiguës réclament la main de l'architecte; mais que les rénovateurs de la vieille ville se gardent bien d'enlever à Saint-Ferréol sa belle et unique position pour aller la mettre en façade sur quelque place ordinaire ou sur une rue.

Quant à la parfaite exécution de la belle église de Saint-Vincent-de-Paul, nos concitoyens peuvent se reposer sur la paternelle préoccupation du curé de la paroisse, M. l'abbé Vidal, sur les soins et la vigilance infatigable de l'architecte. Enfant de Marseille, M. F. Reybaud a déjà doté notre ville de la petite église ogivale du couvent des Minimes, de la chapelle renaissance du Sacré-Cœur, à N.-D.-du-Mont, de l'église en construction de l'orphelinat, dirigé par M. le chanoine Vitagliano, mais il a voulu attacher son nom à une œuvre capitale. Pour que rien ne manque à la perfection de son ouvrage, on le voit tour à tour architecte, maçon, tailleur de pierres, manœuvre au besoin, travailler lui-même à la pose d'un bloc, descendre à tous les détails, veiller à tout, prévoir jusqu'à la moindre difficulté et y parer aussitôt. Avec un tel homme, Marseille peut compter sur un chef-d'œuvre; mais que nos concitoyens, que l'autorité, que le gouvernement lui-même y songent, M. Reybaud saura trouver dans son zèle et son intelligence tous les miracles, hors celui de bâtir sans argent.

(*Gazette du Midi* du 16 mars 1859.)

D'un Palais des Arts

COMPRENANT UN MUSÉE HISTORIQUE DE MARSEILLE.

I

Marseille fut-elle jamais ce qu'on peut appeler une cité artistique par la splendeur de ses temples, la beauté de ses édifices publics, amie des lettres et des arts, leur accordant une généreuse hospitalité, un puissant et fécond patronage?..... Reine aujourd'hui de la Méditerranée, grâce à son admirable position et à l'énergique activité de ses enfants, ne pourrait-elle également ceindre son front du diadème de l'intelligence et des arts?..... Une bienfaisante initiative et une vigoureuse impulsion donnée aux travaux, aux embellissements grandiosement artistiques de la cité ne pourraient-elles pas, en développant les aspirations intellectuelles, l'imagination vive et colorée, l'âme ardente et impressionnable de notre population, lui donner, avec de nobles délassements, des éléments actifs de vitalité, de force et d'amour national?

C'est ce que nous allons essayer d'examiner assez rapidement, comme préambule et en vue même de notre sujet.

Les nombreux auteurs de l'antiquité qui ont parlé de

notre ville, Strabon, Justin, Lucain, etc., ne nous ont point donné la description de ses monuments, mais ils la comparent aux grandes villes commerçantes des temps anciens, qui successivement tinrent le sceptre des mers, toutes si riches et si splendides : Tyr, Carthage, Rhodes, Cysique, qui fut une des plus belles villes d'Asie. Fille de la Grèce, de ce peuple poète par excellence, assise sur les bords d'une mer poétique qui devait rappeler aux Phocéens la mer Egée, si éblouissante, sur un sol vierge et privilégié, dont le ciel et les sites font songer aux sites enchanteurs et au ciel de l'Ionie, elle dut, comme sa mère-patrie, avoir ses temples de marbre : celui de Diane d'Ephèse, apparaissant, avec ses blanches colonnes ioniennes, au voyageur assis à la proue de sa trirème ; celui d'Apollon Delphien, sur le sommet de la citadelle et dominant le Lacydon (1). N'était-elle pas alors république puissante?... Ses galères couvraient les mers, ses flottes revinrent triomphantes et chargées des dépouilles des flottes de Carthage. Ses deux grands navigateurs, Pythéas et Euthymènes, grands astronomes et grands mathématiciens, allaient, l'un à la découverte de la Grande-Bretagne et de l'Islande, l'autre vers les régions de l'Equateur. Et en même temps qu'elle fondait ses nombreuses colonies : Nice, Antibes, Agde, Emporias, Denia, etc., elle recevait du peuple-roi, si fier et si altier, le titre de sœur de Rome.

Elle avait aussi, sûrement, son Lycée, son Académie, ses portiques sous lesquels ses philosophes venaient, avec leurs disciples, discourir sur les facultés de l'âme. N'était-elle pas, en effet, décorée du beau nom d'Athènes des Gaules? La jeunesse patricienne de Rome n'affluait-elle pas dans ses écoles? Ses rhéteurs et ses médecins

(1) Nom que les Phocéens donnèrent au port de Marseille.

n'acquirent-ils pas, même à Rome, une célébrité qui est venue jusqu'à nous? Enfin Cicéron ne fit-il pas, plusieurs fois à la tribune, l'éloge de l'aménité de ses mœurs, de la sagesse de ses lois, si admirées dans l'antiquité? On peut donc le dire sans hésiter, Marseille, sous la période grecque, fut une cité riche de monuments, car les monuments sont toujours l'expression même du degré de culture des esprits et des arts chez un peuple. L'histoire cite-t-elle, en effet, une seule de ces villes fameuses par leurs écoles, le développement des belles-lettres et des arts, sans ajouter qu'elle était aussi remarquable par la somptuosité de ses temples et de ses édifices publics. Ainsi, dans l'antiquité, Athènes et Alexandrie ; ainsi de nos jours Rome et Paris.

Il est vrai que jusqu'à présent on n'a pas trouvé, sur notre sol, de considérables débris de ces monuments de l'ère grecque. Mais à cela, quoi d'étonnant! Marseille, située sur les rivages de la mer, fut plus souvent que ses voisines, Arles et Nîmes, exposée aux pillages des Barbares et surtout des Sarrasins (3). Et ensuite, les monuments grecs ne présentèrent jamais cet aspect puissant, ces masses indestructibles des édifices romains, et le nombre de ceux dont il reste quelques vestiges est bien minime.

De la domination romaine on n'a retrouvé ni cirque, ni théâtres, ni arcs triomphaux, qui font encore aujourd'hui

(3) On ne peut se faire une idée des ravages que causèrent au vieux monde romain les invasions des Barbares et des Sarrazins. Certaines villes opulentes, plus malheureuses que les autres, furent non seulement pillées, mais comme broyées, de telle sorte qu'il n'en resta plus pierre sur pierre. C'est ainsi que Lyon, ville célèbre sous la domination romaine, ne possède que des ruines insignifiantes de ses monuments, autrefois si remarquables.

la renommée des anciennes colonies romaines. C'est que tout montre, ainsi que le prouvait encore M. Carpentin dans un travail plein d'érudition et publié dans cette *Revue*, sur les monnaies de Marseille, tout montre que Rome, reconnaissante envers notre ville des services que celle-ci lui avait rendus, lui laissa son autonomie, c'est-à-dire son administration, ses lois, ses écoles, sa physionomie grecque en un mot, se contentant de faire occuper la citadelle par des légions romaines.

De cette époque, cependant, un édifice admirable de conservation était parvenu jusqu'à nous. Des auteurs d'un savoir incontestable, l'abbé Faillon et les auteurs de la *Statistique des Bouches-du-Rhône* entre autres, avaient reconnu, dans les caves de Saint-Sauveur, des casernes romaines semblables à celles de la prison Mamertine à Rome, et dans les cachots desquelles furent renfermés sans doute saint Lazare et ensuite saint Victor. Il y a près d'un an, cet édifice aux voûtes hardies était encore debout, et malgré les plus chaleureuses protestations, on l'a laissé démolir sous le marteau d'un entrepreneur. Or, je demande, à notre honte, tandis que Paris dégage son vieux palais des Thermes, un tel acte de vandalisme accompli chez nous sans nulle opposition est-il un signe encourageant de cette renaissance artistique que nous appelons de tous nos vœux?

Sous le moyen-âge, Marseille, tout-à-fait transformée après plusieurs siéges et plusieurs pillages, se réveilla, après avoir végété au milieu du démembrement de l'empire romain, et passé successivement sous la domination des Wisigoths, des Ostrogoths, des Bourguignons. Son port incomparable, le Lacydon des Phocéens, source éternelle de sa fortune à travers tant de siècles, et le génie naturel de ses enfants pour le commerce la rendirent un des entrepôts de l'Europe. Mais, cité éminemment chrétienne, elle ne connut pas ce souffle sacré de foi et d'amour créateur à cette époque de tant d'admirables chefs-d'œuvre d'architecture religieuse. Ville marchande, elle ignora ces nobles inspirations artistiques qui ont élevé si haut, dans l'esprit des hommes, les destinées de ses rivales dans la Méditerranée, Gênes la superbe et Venise la belle, et qui sont aussi la gloire des cités flamandes. Elle n'eut point les palais de marbre de la *via Balbi* ou du *canale grande*; mais ses négociants habitèrent, dans les rues de l'*Evêché*, du *Panier* ou sur la place *Vivaux*, de petites maisons sans air, noires et enfumées, et où, durant des siècles, ils se succédèrent de père en fils. Au lieu de splendides basiliques de Gênes et de Venise : L'*Annunziata*, *San-Lorenzo* ou *San-Marco*, *I Gesuiti*, *gli Scalzi*, nous avons les églises des Carmes, des Augustins, de Saint-Laurent, vrais caveaux où l'âme glacée se sent saisie de frissons. Puis, tandis que les grandes villes industrieuses de la Flandre, Gand, Liége, Bruges, Bruxelles surtout et Louvain, édifiaient leurs Hôtels-de-Ville, monuments dignes des plus grandes capitales, on attendit à Marseille, jusqu'en 1653, pour construire l'Hôtel-de-Ville que nous voyons encore inachevé.

A cette époque Marseille avait un de ses enfants, Puget, tout à la fois grand sculpteur, grand architecte et grand peintre, qui pouvait, avec son génie créateur, renouveler dans sa patrie les merveilles de Gênes, faire de notre cité une des plus belles villes du monde, et qui le voulait. Mais lui, qui avait reçu de Louis XIV le surnom d'*inimitable*, que le doge et les nobles de Gênes accablaient d'honneurs et de prévenances, quand, dévoré du désir de *travailler* pour sa ville natale, de la régénérer, de la rendre enfin digne de la France et de son avenir, quand il présentait aux échevins de Marseille ses cartons admirables, il en recevait, lui le grand artiste, un accueil glacial et ces paroles barbares et insultantes prononcées dans notre langue provençale si expressive, mais aussi parfois si brutale : « Vous êtes encore là, M. Puget (1)! »

Pour l'Hôtel-de-Ville, on lui préféra un architecte italien, dont le nom est ignoré, et ce ne fut qu'en 1666 qu'il put y travailler. Il y marqua son passage, en sculptant cet admirable écusson aux armes de France, que les Anglais voulaient nous enlever au poids de l'or, et qui, sous la Révolution, a été si barbarement mutilé. Quand Marseille voulut élever une statue équestre à Louis XIV, projet qui fut abandonné, on lui préféra encore, pour un rabais de quelques livres, un sculpteur obscur.

Triste exemple des funestes et trop souvent irréparables effets d'une administration faible, hésitante, et que domine avant tout l'esprit de calcul et d'économie,

C'est cependant à dater du règne du grand roi que Marseille prend un aspect plus grandiose et acquiert des idées plus convenables à sa nouvelle et toujours croissante fortune. Alors furent tracés la Cannebière, le Cours, la rue de Rome, qui devinrent en quelque sorte le prototype de tous les nouveaux quartiers qui se sont graduellement ajoutés à une ville constamment insuffisante à une population qui croît chaque jour (2). Mais il faut le

(1) Qu'on lise sur Pierre Puget l'intéressante notice de Méry dans son recueil : *Nouvelles nouvelles* ; Bibliothèque des chemins de fer.

(2) A cette époque, les plus grandes villes de France, même Paris, n'avaient encore que des rues étroites et tortueuses. Les nouveaux quartiers de Marseille furent donc trouvés, par tous les étrangers, merveilleusement beaux, et ainsi se fit la réputation de la Cannebière, réputation qui a moins de raison d'être de nos jours.

reconnaître, notre cité, purement commerçante, assista à ses agrandissements successifs, et les accepta par la force des choses, sans y ajouter de grands sentiments artistiques. Pour ne point parler de la rénovation contemporaine et indispensable de nos édifices religieux, rénovation qui finira par devenir complète, grâce à l'insuffisance aussi bien qu'à l'état de vétusté et de pauvreté de la plupart de nos églises, il a bien fallu qu'une ville de 300,000 âmes songeât à avoir une Bourse et un Palais-de-Justice. Mais enfin, n'a-t-on pas surtout construit ces édifices parce qu'on avait entendu dire à satiété que Marseille n'avait pas de monuments, et que l'on s'est persuadé qu'il fallait pourtant lui en donner? L'idée de satisfaire les exigences d'une population de commerçants n'a-t-elle pas jusqu'à ce jour dominé l'idée d'embellir la cité, de tenir compte du goût de tous les touristes qui traversent, hélas! à la hâte Marseille, parce que rien d'artistique ne les y retient, et enfin de relever et d'étendre le sentiment du beau et du grand au sein de nos populations?

Nous voudrions désormais que cette dernière idée s'alliât noblement avec la première; que toutes les deux se rendissent de mutuels et louables services, et présidassent fraternellement à tous les grands travaux, si nombreux pour notre ville, d'embellissement et d'utilité publique, à l'érection de tant de monuments que nous avons encore à construire.

C'est ainsi que l'on pourrait faire revivre les instincts généreux, les nobles élans de nos concitoyens et ranimer chez nous cet amour des arts qui distingua l'ancienne Athènes des Gaules. Rien ne développe mieux l'intelligence d'un peuple que la vue constante de majestueux édifices, de grands et splendides monuments, de ces belles lignes architecturales qui se dessinent si bien sur l'azur d'un beau ciel, et aussi que la contemplation des œuvres des grands artistes, facilement accessibles à la masse de la population.

Mais, avant tout, rompons avec ces préjugés surannés qui nous disent iucapables de nous occuper d'autre chose que de négoce et de courtage ; qu'un Pradier qui se présente pour élever à Monseigneur de Belzunce et à Puget de colossales statues, l'un à genoux au milieu des pestiférés, l'autre attaquant, le ciseau en main et le génie au front, le *Milon de Crotone*, ne soit plus rejeté par raison d'économie ou esprit de clocher. Soyons fiers enfin de notre passé, mais dignes aussi de notre avenir, et convainquons-nous qu'une ville, qui, plus que Paris peut-être, fournit à la gloire artistique et littéraire de la France, d'après la liste donnée récemment par Méry (1), des hommes si divers et tels que : « Thiers, Capefigue, Barthélemy le poète, Léon Gozlan, Louis Reybaud, Garcin de Tassy, Amédée Achard, Taxile Delord, Eugène Guinot, Joseph Autran, Forcade, Audibert, G. Bénédit, Gaston de Flotte, Marie Aycard, Marc Michel, Joseph Cohen et d'autres encore ; puis dans la musique : Bazin, Xavier Boisselot, Reyer, Félicien David, Morel, Arnaud, Jules Cohen, tous dignes fils du mélodieux Marseillais Della Maria, mort trop jeune !... Et dans la peinture : Eugène Delacroix, Guérin, Baumes, Tanneur, Barry, Loubon, Daignan, Daumier, Dominique Papéty, Ricard, Vidal, etc. » Convainquons-nous que cette ville a le droit de marcher en tête d'un grand mouvement artistique, et

(1) Voir dans le *Musée des Familles* de juin, juillet, août et novembre 1857, les articles sur *Marseille* et *les Marseillais*, où notre spirituel compatriote venge noblement la Cannebière des cancans qu'on lui adresse.

de devenir, sous ce rapport, la capitale du midi de la France, comme elle l'est déjà par sa population et son importance commerciale. Que lui manque-t-il pour cela ? Un peu d'élan et surtout de la persévérance.

Ceci posé, nous allons parler du Musée, ou mieux du Palais-des-Arts, tel que nous le concevons, pour aider puissamment au résultat que nous désirons si vivement.

II.

Le projet que nous allons développer est vaste et grandiose, nous ne le cachons point; il franchit les limites de cet état fâcheux de provisoire et d'insuffisance que nous avons subi jusqu'à ce jour dans la construction de nos églises et de nos édifices. Aussi ne saurait-il s'adresser à ces esprits timides et hésitants, éternels partisans du *statu quo*, et qui restent toujours dans l'ornière des idées communes et vulgaires. Mais, en revanche, nous le présentons aux hommes éclairés et intelligents qui, grâce à Dieu, sont nombreux dans notre cité, attachés de cœur et d'âme à leur ville natale ou d'adoption, qui pressentent et prédisent les hautes destinées de Marseille, et veulent la préparer grandement à ces destinées.

Il est inutile d'insister sur la nécessité et l'urgence de trouver aux riches collections de notre Musée un local autre qu'une chapelle dévastée, où l'on ne peut voir un seul tableau à son jour favorable. Bien peu de personnes assurément se doutent que, dans de vastes galeries éclairées avec art, les connaisseurs pourraient admirer des toiles des plus grands maîtres : Annibal Carrache, le Pérugin, Salvator Rosa (école italienne), Mignard, Parrocel, le Poussin, Lesueur, Puget, Michel de Serre (école française), Rubens, Van Dyck (école flamande), etc., confondus aujourd'hui pêle-mêle, dans l'oubli et l'ombre, avec les œuvres des peintres modernes, dont quelques-unes sont très-remarquables.

Il est inutile aussi de nous étendre sur la honte qui, depuis si longues années, nous échoit en partage, de voir, à nos portes mêmes, des villes telles que Montpellier et Avignon posséder des Musées en tous points plus beaux que le nôtre, et de nous entendre, à ce sujet, traiter de barbares en ce siècle de civilisation générale. Nous nous garderons, en outre, d'établir la moindre comparaison entre notre ville et les autres villes de France : Lyon, Bordeaux, etc. Nous nous garderons surtout de franchir nos frontières, et de nommer, en Allemagne, les Musées de Berlin, Dresde, Munich ; en Italie, ceux de Venise, Florence, Milan, Naples, et même des villes des plus secondaires... car nous commençons à peine à vivre de cette grande vie des arts qui fait la gloire d'une opulente cité. Pourtant, cette renaissance de nos intelligences pour les choses d'un ordre immatériel est visible depuis quelques années, et se manifeste autour de nous chaque jour davantage.

Mais encore faut-il ne point fausser les premiers pas chancelants de ce retour heureux dans une voie digne enfin d'une ville fière de vingt-quatre siècles d'existence, et qui apporta la première dans les Gaules les germes de la civilisation. Il importe, puisqu'après un demi-siècle de constantes réclamations notre administration s'émeut et s'occupe du projet qui fait le sujet de cet article, de donner, par la construction monumentale d'un Palais des Arts, une éclatante manifestation de ces généreuses tendances.

Il faut à Marseille, déjà la capitale du Midi et bientôt peut-être la seconde ville de France, un vaste Palais des Arts aux grandes proportions, noble édifice qui renferme les galeries de tableaux, de sculptures, de gravures, les collections des antiques et des monnaies, et offre en même temps un local distribué avec intelligence pour la Bibliothèque de la ville, les cours de l'école des Beaux-Arts et du Conservatoire de musique (1).

A Marseille, patrie de Puget, le grand artiste, le Michel-Ange français, il faut encore le Musée Puget (2).

Enfin, à Marseille, ville contemporaine de l'antique Rome et de Carthage, qui osa arrêter la marche victorieuse de Jules-César, et qui repoussa le traître connétable et Charles-Quint, il faut un Musée dont les tableaux déroulent à nos yeux les annales historiques de notre ville, et dont les statues nous représentent ceux de nos concitoyens qui furent célèbres par l'intelligence, le courage ou le dévoûment à la patrie.

La plupart des musées d'Italie peuvent servir de modèle à notre Palais des Arts : « Le palais Brerra (Milan) renferme un gymnase, une école des beaux-arts, un observatoire, une bibliothèque, un cabinet de numismati-

(1) Seuls, l'Observatoire et le Muséum d'histoire naturelle ne feraient point partie du Palais des Arts : l'un parce qne sa position actuelle est trop belle pour l'en enlever ; l'autre parce qu'il doit devenir un complément indispensable du Jardin Zoologique, et qu'il a sa place très-heureusement trouvée sur l'esplanade de Longchamp.

(2) C'est à la *Tribune artistique* que revient, je crois, la première gloire de cette belle pensée qui a été noblement comprise, puisque nos journaux annonçaient dernièrement que, sur l'intelligente initiative de M. le Maire, le Musée Puget devait être formé. *(Voir l'article sur Pierre Puget, de M. F. Tamisier, août 1857.)*

que et un musée qui possède de précieux échantillons de l'école lombarde. » (Louis Enault).

Si dans cette description l'écrivain ne parle point d'un Musée national, c'est qu'à Milan, comme dans toute l'Italie, dans les musées et dans les palais, l'histoire des cités lombardes, des républiques de Gênes et de Venise, des villes de Florence et de Pise, se trouve écrite sur des toiles immenses et en trait immortels, par des hommes tels que le Titien, Paul Véronèse, le Tintoret, Léonard de Vinci, le Giotto. Michel-Ange, Raphaël. Venise surtout n'a-t-elle pas immortalisé, aux murs et aux plafonds des vastes salles de son palais des doges, les victoires et les faits mémorables de son histoire.

Mais nous qui avons aussi un passé riche de glorieux souvenirs, possédons-nous un seul tableau qui rappelle un événement de notre histoire? Marseille est célèbre dans l'antiquité; elle répand parmi les peuples barbares qui l'entourent les bienfaits de la civilisation ; elle acclimate sur le sol de la Gaule les fruits de la Grèce, de l'Afrique et de l'Italie; elle soutient des siéges mémorables ; elle a compté parmi ses enfants des grands hommes, Pythéas et Euthymènes, des philosophes et des médecins fameux dans les temps anciens : l'un de ces derniers employa toute sa fortune à relever les murs de sa patrie, abattus par César ; elle a donné le jour à des poètes : Pétrone, sous le règne de Néron ; sous le moyen-âge, Folquet, Barral des Baux, mélodieux troubadours de notre belle Provence. Puis, plus près de nous, à Honoré d'Urfé, à Pierre d'Hozier, Mascaron, Puget, Dumarsais et tant d'autres que j'oublie. Et rien, dans notre ville, ne nous retrace nos vieilles annales, ne nous apprend ces noms illustres (1).

(1) Non loin de Marseille, Manosque, petite ville des Basses-Alpes, a donné un exemple qui pourrait être suivi par toutes les

Ainsi, Marseille, qui a droit à la reconnaissance des nations, reste, par son ingratitude et notre oubli, la risée de tous les étrangers. « Ainsi, notre Panthéon, qui serait le plus riche de l'univers, se résume en quelques bustes de marbrier. » (Méry).

Il serait donc à désirer que, dans notre Palais des Arts, une vaste salle qui, pour satisfaire à un vœu général, pourrait servir de salle de concert, s'enrichît successivement de tableaux commandés aux grands maîtres français et à nos meilleurs peintres marseillais, et devînt ainsi notre Musée historique. Là, depuis sa fondation, on suivrait la marche de Marseille à travers vingt-quatre siècles, résistant aux Gaulois, victorieuse de Carthage, assigée par César, embrassant le christianisme, prise et reprise par les Barbares, se modifiant, se transformant et changeant de maître, ou, indépendante, se ranimant au souffle sacré des croisades, transportant sur ses galères jusqu'aux ports de la terre Sainte, des armées entières, établissant la première, en Orient, des quartiers francs et des consuls ; passant à la France, repoussant le connétable, recevant dans ses murs François Ier et le pape Clément VII, et arrivant graduellement à la période de prospérité où nous la voyons. Ses lois, qui firent l'admiration des philosophes de l'antiquité, ses coutumes et ses règlements du moyen-âge pourraient aussi trouver

grandes villes de France, et qui vient à l'appui des vœux de l'auteur. La salle de son Hôtel-de-Ville est divisée en grandes cartouches, sur lesquelles sont inscrits, année, par année, depuis le XIIe siècle, les noms de tous les consuls, échevins, syndics, et enfin des maires qui ont administré cette commune jusqu'à ce jour, et, siècle, par siècle, les faits les plus remarquables de son histoire.

(Note de la rédaction).

leur place dans des allégories. Mais il y aurait un danger à éviter, auquel notre faiblesse et notre nature pourraient souvent nous exposer. Il faudrait éviter avec soin d'élever, au détriment du passé, le moindre fait contemporain à la hauteur d'un grand évènement.

Puis, comme au Panthéon de l'Allemagne, le *Walhalla*, élevé à la gloire des grands hommes de la Germanie, comme au Musée de Florence, *il palazzo degli Uffizi*, dans l'immense cour duquel on voit se dresser sur leurs piédestaux de marbre tous les Toscans célèbres, nous verrions sur la façade de notre Palais des Arts, depuis Simos et Protis, fondateurs de Marseille, s'élever les statues de nos ancêtres, dignes de cet insigne honneur, de ces grands citoyens qui se dévouèrent héroïquement pour le salut de tous dans les siéges ou dans les horreurs de la peste. Parmi eux nous verrions enfin le chevalier Rose et les glorieux échevins de 1720, à côté de Mgr de Belsunce, du gouverneur Viguier, le marquis de Pilles, du commandant Langeron, qui, tous trois, sur le champ de bataille de l'horrible fléau, ont noblement acquis leurs lettres de naturalisation. Une courte inscription dirait ce que furent ces hommes et ce qu'ils ont fait.

Tel serait notre Musée marseillais, notre Musée de Versailles. Il ne tarderait pas, nous en sommes convaincus, à grandir les instincts généreux, le sentiment patriotique de notre population; car, lui tracer d'une manière saisissante l'histoire d'une ville qui lui est chère, c'est l'attacher au sol qu'elle foule, et si cette population est composée d'éléments hétérogènes, c'est lui donner de l'unité et confondre peu à peu ses divers éléments. Nous y trouverions, de plus, notre réhabilitation aux yeux de l'étranger, et le meilleur argument contre ces sarcasmes de mauvais goût et ces vieilles plaisanteries de commis-voyageur que notre nom seul semble susciter.

Notre galerie historique deviendrait, en outre, une importante annexe pour nos galeries de tableaux. Celles-ci ne tarderaient pas à être citées avec éloge, si, d'après le vœu déjà exprimé, on y transportait les chefs-d'œuvre qui se trouvent à la Consigne, et qui y sont presque ignorés. Les toiles de David et d'Horace Vernet sont dignes de figurer proche les tableaux des grands maîtres que nous avons déjà nommés. A ces précieuses acquisitions pour notre Musée, ne serait-il pas convenable d'ajouter, suivant la destination que l'on donnera au château Borelly, les principales œuvres qui s'y trouvent?

Le musée Puget renfermerait les toiles que nous avons de ce grand artiste, son admirable bas-relief de la peste, tous les dessins, tous les cartons qu'il composa et que l'on se procurerait avec le temps. Mais la partie la plus attrayante de ce Musée serait la collection, au moyen du moulage, de toutes les œuvres immortelles de ce sculpteur de génie : le Milon de Crotone, l'Andromède, les Cariatides de Toulon, le saint Sébastien de Gênes, la Vierge de l'église du magnifique hôpital des Pauvres *(albergo dei Poveri)*, à Gênes, que l'on pourrait ainsi passer comme en revue et comparer entre elles.

Noble expiation que nous devons à la mémoire de notre grand compatriote, si maltraité durant sa vie, et qu'il nous faut considérer comme une dette sacrée, comme une dette d'honneur.

Nous ne nous appesantirons pas sur le puissant attrait qu'offrirait à l'artiste et à l'homme ami du beau, cette partie de notre Palais des Arts.

Un cabinet de numismatique marseillaise, s'il n'existait déjà, serait rentré dans l'idée d'un Musée historique. Sous ce rapport, nos collections sont des plus riches et des plus précieuses; mais on sait aussi qu'elles se trouvent dans un local qui n'est point contigu au Musée, et qu'elles sont, de la sorte, ignorées de la plupart des visiteurs.

Notre Musée actuel contient également, de l'art primitif chrétien, les plus remarquables spécimens. Il possède les sarcophages les plus curieux. Ces nobles restes des temps passés, et tous ceux que l'on pourra successivement découvrir sous le sol de la vieille ville, réclament un local spécial. La salle des Antiques occupera donc une place d'honneur dans le Palais des Arts. Ne convient-il pas à Marseille, ville antique s'il en est une, de recueillir tous les débris, toutes les ruines des diverses périodes de sa longue existence?

La partie essentiellement pauvre de notre Musée, la galerie de sculpture, et une nouvelle salle, celle des estampes, ne devraient pas être oubliées. Serait-ce hors de cause d'ajouter à notre Musée historique une collection de gravures antiques et modernes sur Marseille, et la série de ses divers plans?

Comme le palais Brerra, notre Palais des Arts aura sa bibliothèque, car il est temps enfin de donner à la nôtre des salles, ou plutôt une seule salle spacieuse, bien aérée et bien éclairée. Formée presque au hasard, dans le principe, de bibliothèques de couvents, ne faudrait-il pas songer à l'élever, pour le moins, au niveau de celle d'Aix? Ne pourrait-on pas encore y déposer une partie des curieux documents que possèdent, sur notre localité, les archives de la Préfecture, et les préserver ainsi d'un incendie tel que celui qui, tout récemment à Bourges, a détruit les plus précieux et les plus vieux manuscrits de la province (1).

(1) Nous n'avons pas besoin de dire que les sociétés savantes de notre ville trouveraient, dans le Palais des Arts, une salle pour leurs séances et un local pour leurs archives.

Auprès de tous ces trésors, de toutes ces richesses, se trouveraient les salles du Conservatoire de musique et de l'Ecole des Beaux-Arts (1). Nul local, assurément, ne saurait leur être préférable, et nous ne saurions leur en donner d'autre. Rappelons-nous, pour le faire résolûment, cette glorieuse phalange marseillaise, musiciens renommés ou peintres célèbres, dont nous avons parlé au commencement de cet article. Ces derniers, dont le nombre croît chaque jour, ont su si bien traduire dans leurs œuvres ces admirables effets de lumière, ces teintes chaudes et vivaces qui appartiennent à notre beau ciel, qu'ils ont formé l'*Ecole Marseillaise*. C'est un titre qui a cours à Paris, et que l'on trouve dans les revues des fameux critiques. Pourquoi, en présence de si heureux débuts, ne pas encourager de nouveaux talents et leur donner tous les moyens d'étude et de perfectionnement? Il s'agit d'appliquer à toutes les parties de notre enseignement des Beaux-Arts les sages conseils que donnait, dans son discours de réception à l'Académie de Marseille (1810) sur l'enseignement de l'architecture, avec une autorité incontestée, M. Penchaud, auteur de notre Arc-de-Triomphe, et architecte de la ville et du département.

« . . . .

« Je vous ai dit, Messieurs, que l'enseignement de « l'architecture s'améliorait dans la capitale. Usez de « l'influence que vos lumières vous ont acquise, pour « l'établir à Marseille, d'après un bon système. Cette « belle ville, placée sous un ciel pur, dans un site pitto- « resque, au milieu de matériaux abondants, verra « encore fleurir ce bel art. Pline a dit qu'il semble en « être des hommes comme des fleurs: plus le terrain est

(1) Les salles actuelles de l'école des Beaux-Arts sont dans un état pitoyable et qui fait grande honte à notre ville.

« sec et le climat chaud, plus elles exhalent de parfums.
« Et c'est à bon droit, Messieurs, que l'on peut appli-
« quer cette maxime aux Marseillais.

« Il ne manque à votre ville que des monuments.
« Donnez une bonne direction à l'enseignement public
« et vous ferez des élèves dignes de votre patrie et de
« l'artiste justement célèbre dont la gloire rejaillit sur
« vous. »

Un semblable patronage n'est donc point indigne de nous et doit être un devoir pour notre administration.

Voici une nouvelle citation que nous empruntons au *Correspondant*. C'est un extrait des délibérations d'un pouvoir bien autrement étendu, bien plus relevé et mille fois plus compliqué qu'une municipalité, un extrait des délibérations des états de Bourgogne (14 déc. 1759).

On verra avec intérêt les détails dans lesquels descendait une autorité presque souveraine d'une grande province, la sollicitude qu'elle apportait aux progrès des arts et l'importance qu'elle y attachait :

« § XVI... Nous nous ferons rendre compte de l'état et
« des progrès de l'école publique et gratuite de dessin,
« ainsi que des travaux, des succès, de la conduite des
« élèves entretenus à Rome aux frais de la province.
« Nous nous ferons rendre compte de même, de l'exé-
« cution et de la fréquentation des cours publics et gra-
« tuits d'anatomie, de botanique, de minéralogie, de
« chimie, de médecine. Nous nous ferons aussi repré-
« senter les médailles, monnaies anciennes et autres
« curiosités qui auront été trouvées dans les fouilles
« faites pour les travaux publics, et nous les ferons
« remettre à l'Académie de Dijon. Enfin, nous verrons les
« ouvrages dont il conviendra d'ordonner l'impression et
« distribution aux frais de la province. »

Nous comprenons pourtant que l'administration d'une grande ville, qui doit veiller à tout et tout prévoir, à laquelle incombent, en dehors des grandes affaires d'intérêt public, des occupations journalières toujours de plus en plus nombreuses et souvent inattendues, ne puisse apporter ces soins et cette vigilance de chaque instant nécessaires pour assurer le bon entretien, les progrès et les réformes à apporter aux diverses parties d'un Palais des Arts. Nous admettons cela, car c'est rationnel, mais nous proposerons alors une mesure salutaire et qui peut être féconde en bons résultats.

Qu'une commission d'hommes spéciaux ou connus par leur amour pour les arts, soit nommée pour l'administration du Musée; que cette commission se subdivise en sections, l'une de peinture, l'autre de sculpture, celle-ci des antiques et des monnaies, celle-là des gravures, enfin, une cinquième pour le Musée Puget, et une sixième pour le Musée historique projeté; que ces sections se partagent ainsi la charge commune, si noble et si digne d'envie, et utilisent avec discernement le budget qui leur serait alloué par la ville pour l'entretien des galeries et leur accroissement successif (1).

Les bienfaits de cette mesure, déjà heureusement pratiquée dans d'autres villes, ne manqueraient pas d'être considérables, plus encore qu'on ne peut le penser. Par une intelligente initiative, la commission pourrait ré-

(1) La Commission d'archéologie instituée par arrêté de M. le Maire du 2 décembre 1861, pour recueillir et conserver les objets d'art et d'antiquité qui seront découverts dans les démolitions et les fouilles de la rue Impériale, devrait servir de point de départ pour la création d'une Commission générale des beaux-arts.

(Note des Éditeurs.)

veiller l'amour des arts, susciter des dons généreux, chercher les œuvres de mérite, ne laisser échapper nulle vente de cabinet d'amateur sans songer aux acquisitions heureuses pour le Musée; enfin, surveiller, quand le moment de la transformation de notre vieille ville sera venu, les fouilles et les travaux qui devront nécessairement amener des découvertes sur ce sol, sans doute si riche en débris antiques, et, en attendant, surveiller toutes les fouilles sur les lieux également dignes de fixer l'attention de l'archéologue.

Mais si notre municipalité se trouvait ainsi déchargée des soins intérieurs de notre Musée, elle n'en devrait que davantage choisir à notre Palais des Arts un emplacement qui, heureusement situé, en ferait le plus bel ornement de notre ville.

III.

La première des conditions que l'on doit rechercher dans l'emplacement destiné au Palais des Arts, c'est d'offrir une superficie assez vaste de terrain pour que, dans la suite, on puisse l'y agrandir sans difficultés. L'accroissement des diverses galeries de notre Musée sera une des conséquences inévitables de l'extension de notre ville et de la propagation de l'amour des arts au sein d'une population nombreuse. Asseoir les constructions actuellement nécessaires à ce monument sur un local resserré entre des rues ou des places publiques, et sur lequel des développements ultérieurs fussent impossibles, serait donc commettre une faute capitale, qui, tôt ou tard, pourrait rendre cet édifice insuffisant à sa destination; en un mot, ce serait rester encore dans cet état de provisoire qui n'a que trop régné chez nous et qui touche heureusement à sa fin.

Par ces raisons se trouve exclu, ce nous semble, un emplacement dont on avait parlé pour l'érection du Musée. Les terrains qu'occupe l'Arsenal, du côté de la rue de ce nom, bien que placés sur une de nos plus belles promenades, mais ayant tout au plus 25 mètres de profondeur sur la rue Breteuil, sont par eux-mêmes d'une étendue trop restreinte pour cette destination.

Le local plus généralement désigné à cet effet, dominant le Lycée et situé entre la rue Napoléon et le boulevard du Musée, remplirait mieux cette condition indispensable que nous réclamons. On y trouverait, au besoin, assez d'espace pour que, plus tard, on pût apporter au monument qui s'y construirait aujourd'hui, des agrandissements prévus d'avance, autant que possible, pour ne pas nuire à l'ensemble architectonique. Malheureusement cette position, on ne peut le contester, n'est point favorable au développement d'un grandiose édifice ; les abords en sont raides, difficiles et étranglés, et, loin de cacher dans un recoin notre Panthéon artistique, nous voudrions l'exposer avec fierté à tous les regards.

Combien plus complet et plus majestueux était le projet que déjà nous avons décrit autre part.

Au lieu de nous en tenir aux terrains sud du Lycée, nous prenions cet établissement tout entier et nous y établissions un vaste jardin public, un de ces jardins qui font de Paris un séjour si agréable, et qui, au milieu d'une cité tumultueuse, remplacent, pour l'habitant sédentaire, la campagne et ses frais ombrages, un de ces jardins que possèdent, en fin de compte, des villes bien moins importantes que Marseille, et tel qu'on vient d'en créer un à Bordeaux, si riche pourtant en belles promenades, et à côté même de l'avenue de Tourny. C'est qu'en effet, dans une grande ville, il faut mieux qu'un boulevard ou une place ordinaire, constamment sillonnée de voitures et de piétons affairés; il est bon d'avoir, au cœur même de la cité, une promenade, séparée par des grilles de toute voie de communication, et qui offre de l'espace, de l'ombrage et de la fraîcheur. Dans son enceinte, comme dans un asile, se réfugient les personnes oisives et toujours nombreuses d'une grande population, celles qui, dans le courant d'une journée occupée aux travaux du cabinet ou du bureau, désirent trouver, pour quelques instants, un lieu de repos sans avoir à faire un voyage à la campagne ou à se rendre en omnibus à une extrémité de la ville. Enfin, c'est surtout un asile pour les enfants, qui peuvent sans péril y prendre leurs ébats, à l'abri de ces mille dangers qui les menacent sur une place publique, dangers dont une surveillance mercenaire et facilement distraite de ses devoirs, ne sait malheureusement pas toujours les préserver. Bordeaux et bien d'autres villes ont compris cela. A Marseille, nous le comprendrons un jour, mais quand il ne sera plus temps.

C'était donc dans ce jardin, orné sur le boulevard du Musée d'une grille élégante, que nous placions notre Palais des Arts. La déclivité du sol, loin de nuire à l'exécution de cette idée, contribuait puissamment, et à peu de frais, à créer là un endroit ravissant et de nature à satisfaire les caprices d'un artiste et à faire croire à la reproduction d'un *Claude-Lorrain.*

Modifiant notre conception première, nous placerions aujourd'hui, couronnant le jardin, le monument et ses dépendances. C'est ainsi qu'en agissaient les Grecs, qui seront toujours nos modèles dans le domaine des arts.

Ils avaient le secret de faire valoir un édifice en le plaçant de manière à le grandir, si nous pouvons parler ainsi, à trouver dans une position pittoresque, le moyen de joindre à la beauté des lignes architecturales, cette poésie qui parle à l'âme et qui la domine. Le temple de Diane, d'Ephèse, ne se dressait-il pas aux bords de la mer d'Ionie sur son promontoire de granit? L'acropole, contenant les dieux protecteurs du peuple d'Athènes, et dominant cette ville fameuse, n'était-elle pas hardiment posée sur un rocher à pic? De nos jours, le Parthénon, traversant les âges, profile encore ses blanches colonnes de marbre sur le ciel foncé de l'Attique, et semble toujours protéger de son ombre la patrie de Miltiade et de Thémistocle.

Les mouvements de terrain devraient diviser le jardin en deux grandes terrasses couronnées de balustrades et de vases. Des rampes douces et de beaux perrons ornés de pièces d'eau et de mascarons, conduiraient les visiteurs sur ces terrasses. Celles-ci, couvertes d'une couche de sable d'or, auraient simplement de distance en distance de grands jets d'eau, lançant dans les airs leurs gerbes étincelantes, quelques massifs de fleurs, de grands vases de pierres et des caisses d'orangers odoriférants. Puis, sur les deux côtés du jardin, comme accompagnement des ailes du Palais, deux grandes rangées d'arbre pour abriter des ardeurs du soleil (1).

Sur une troisième terrasse s'élèverait alors le Palais des Arts, dans sa noble et fière simplicité. Au devant de

(1) Il y aurait là un emplacement unique pour les Expositions dont il importe à Marseille de prendre l'initiative. Quant aux Expositions de la Société Artistique, leur place naturelle serait, à notre avis, dans le futur Musée, mieux que partout ailleurs.

la façade ou alignés sur la terrasse, les grands hommes, les grands citoyens de Marseille, sembleraient accueillir le visiteur, et lui rappeler les grandes actions dont ils furent les héros.

De cette hauteur, la vue s'étendrait sur le panorama de la ville et du port, puis s'abaisserait sur un tableau charmant; sur ces terrasses étagées, animées par les jets d'eau et émaillées de fleurs, d'enfants et de promeneurs.

On le conçoit aisément, ce jardin enchanteur, dominé par un majestueux édifice, serait bien l'endroit le plus agréable de Marseille. Aujourd'hui, en présence de cet échange, signé peut-être déjà, entre l'Université et la ville de Marseille, ce projet est peut-être d'une exécution plus difficile que lorsque nous en avons parlé pour la première fois. Il est vrai que si la construction de notre Musée est un plan arrêté, si les dépenses d'un jardin public ne sont pas du nombre de celles qui peuvent faire reculer, ce projet implique la réédification du Lycée en un autre local et dans une position centrale (1). Mais le résultat serait si beau, si grandiose, que nous répéterons ce que nous avons déjà dit à ce sujet : « Le projet est vaste ; mais qu'on se persuade bien que celui qui ne sait pas aborder franchement une entreprise avec toutes ses conséquences, ne fera jamais rien de complet et de véritablement utile. »

Nous ne terminerons point sans donner place ici à une autre idée. Que, de prime-abord, on ne jette point les

(1) Nous avions désigné, comme emplacement, les terrains proche le Muséum d'histoire naturelle, sur le cours Jullien, entre les rues Crudère et Bussy-l'Indien. Là se trouvent des rues étroites, où les immeubles ne sont pas à des prix élevés ; ajoutons que ce serait, pour un établissement de ce genre, une position bien plus salubre et plus aérée que l'emplacement actuel.

hauts cris et qu'on veuille bien écouter avant de prononcer.

La place Saint-Michel est une fort belle place, vaste et bien aérée; le boulevard Chave est une promenade non moins agréable, c'est, sans nul doute, le plus beau boulevard que nous ayons, se terminant aux bords de Jarret (1) et ayant pour horizon de vertes campagnes et de grandes et poétiques collines. Pourtant, ces promenades sont-elles très-fréquentées? L'étranger, on le reconnaîtra, à moins que ses affaires ne l'appellent vers ces quartiers, les ignore presque toujours. Pourquoi ne point les tirer de cet oubli et, s'il fallait renoncer au projet complet du Lycée, pourquoi ne pas transformer la place Saint-Michel en jardin avec fontaines et jets d'eau ? Pourquoi ne pas y construire le Palais des Arts, une des façades principales tournée vers le boulevard Chave? Enfin, pour remplacer l'espace qu'occuperait le Musée, pourquoi ne pas agrandir ce jardin projeté des deux côtés du boulevard Chave, entre les rues Bergère et de l'Olivier? De grands perrons descendraient du Palais des Arts dans cette partie, où l'on pourrait aisément réaliser le programme que nous avons tracé pour l'emplacement du Lycée. Ces acquisitions pourraient se faire avec le prix de vente des terrains sud du Lycée que la ville aurait alors à sa disposition.

Mais il faudrait, pour conduire du cœur de la ville au Palais des Arts, au lieu des rues actuelles étroites et généralement tortueuses, une large avenue semblable, de ce côté de la ville, au boulevard Chave. Or, si on

(1) On sait qu'il entre dans les projets de la ville d'établir une promenade sur les rives du Jarret, partant du Jardin des Plantes pour venir finir au château Borelly, c'est-à-dire à la mer et à la plage même du Prado.

continue le boulevard Chave, on reconnaîtra que cette nouvelle artère entre en quelque sorte dans le programme municipal, puisqu'elle couperait la rue Piscatory, traverserait les rues Neuve et Maucouinat, prendrait une partie de la rue Saint-Ferréol-le-Vieux, toutes rues qui doivent être transformées pour venir aboutir à la rue de Rome, à l'entrée de la rue Pisançon.

Quant au château Borrély, on pourra bien en faire un Musée provisoire, en attendant l'achèvement du Musée projeté, ou lui conserver les tableaux qui s'y trouvent, comme annexe de celui-ci, mais voilà tout! Je ne sache pas que les musées de Milan, de Florence, de Dresde ou de Vienne, de Lyon ou de Lille, soient à trois ou quatre kilomètres de ces villes. Etablir définitivement, ainsi qu'on l'annonçait, au château Borrély le Musée-Puget, serait encore une idée manquée, car nous avons montré l'utilité de tout réunir dans le Palais des Arts.

C'est avec confiance que nous nous sommes adressé aujourd'hui à nos compatriotes, que nous leur présentons, comme témoignage de notre amour pour notre patrie, les idées que nous venons d'exposer, et que nous nous reposons sur le patriotisme et l'esprit d'initiative de nos autorités. Nous savons, en effet, qu'il en sera pour Marseille comme pour bien d'autres grandes villes. Après des siècles d'assoupissement et de sommeil, une heure arrive, et l'on voit tout-à-coup cette ville se réveiller, avoir le sentiment de sa force, secouer sa torpeur séculaire, déchirer ses vieux vêtements, se revêtir d'idées nouvelles, changer une apathie proverbiale et une nonchalance indigne d'elle pour les nobles travaux de l'intelligence et des arts, en une religieuse préoccupation et une sage activité pour tout ce qui peut élever l'âme et annoblir les cœurs, se souvenir, enfin, de ce qu'elle a pu être, songer à ce qu'elle doit devenir et vouloir, comme toute grande ville à l'apogée de sa puissance, laisser par d'impérissables monuments des marques éclatantes de sa virilité et de sa grandeur.

(*Revue de Marseille.* — Juin 1859.)

(*Gazette du Midi*, 19, 20, 21, 22, 23 Juin 1859.)

Des Fontaines publiques à créer.

I

Louis XIV, au faîte de la grandeur, ne craignit pas d'employer une armée pour élever cet aqueduc somptueux sur lequel l'Eure devait être portée au milieu de ses parcs, afin d'y entretenir la fraîcheur des allées, des quinconces, des pelouses que sa main puissante allait jeter sur cette plaine sablonneuse où son père n'avait pu fonder qu'un modeste pavillon de chasse; ailleurs, s'éleva une machine, la merveille de son temps, et qui étonne encore à notre époque de prodigieuses découvertes. A Versailles, comme à Marly, le grand roi sema, sur des terrains autrefois arides, des merveilles hydrauliques dont rien encore n'a surpassé la splendeur.

Notre ville natale, trop longtemps négligée par le pouvoir et se laissant aller un peu trop aux soins de la Providence, a compris enfin que dans sa haute fortune il ne lui était plus permis de s'en remettre à d'autres de son bien-être et de sa splendeur. Avec une audace digne de la vieille Rome, et une magnificence qui rappelait celle du grand roi, elle a forcé la capricieuse Durance à venir jusqu'à elle à travers trente lieues de pays, tantôt sur des arcs de triomphe jetés d'un sommet à l'autre, puis sur des galeries suspendues au flanc des montagnes, puis dans d'interminables souterrains creusés à d'immenses profondeurs par des travaux dont le détail effraie l'imagination.

Les résultats de cette œuvre ont surpassé les plus audacieuses espérances; des rochers dépouillés depuis des siècles se couvrent de verdure; des campagnes jadis séches et poudreuses offrent l'aspect de la fraîcheur et de la fertilité, et le peuplier, le saule, le platane s'élèvent vigoureusement là où le souffle du mistral semblait condamner la terre à une perpétuelle stérilité. Sur les collines même, au sommet de ces faîtes qui divisent le territoire de Marseille, l'eau murmure ou bondit au milieu des pins et des chênes verts, et des lacs riants arrêtent les pas du voyageur dans des lieux que la chèvre seule fréquentait autrefois.

Dans la ville même, à côté de ces pavés que dévore le soleil provençal, l'influence féconde des eaux a donné à nos plantations jadis languissantes une force merveilleuse d'accroissement; mais là tout n'est pas fait encore, et Marseille, étonnée des prodiges opérés hors de son enceinte et dans ces larges canaux souterrains auxquels elle sut appliquer heureusement jusqu'à la force indomptable des révolutionnaires de 1848, semble s'arrêter devant le complet achèvement de son œuvre. L'eau, qui circule partout sous le pavé ou sous le sol, ne se montre pas assez souvent au-dessus; elle n'alimente que bien peu de ces fontaines d'ornement qui pourraient être si belles et si multipliées, et que depuis dix ans et plus nous avons vues ajournées par un étroit calcul mercantile et par l'espoir de vendre plus facilement pour l'intérieur des maisons les eaux qu'on cherchait vainement au dehors. Ce calcul a été trompé, il devait l'être; le propriétaire aisé ne se prive pas d'une fontaine dans l'intérieur de sa maison, parce que d'autres jaillissent sur la voie publique; le pauvre trouve plus facile de se passer d'eau que de l'acheter par des sacrifices pécuniaires (1).

L'expérience a prononcé; sa voix ne saurait être plus long temps méconnue. Ce n'est pas pour les cacher dans des conduits souterrains que le canal a roulé ses eaux avec tant de profusion jusques dans l'enceinte de Marseille. Moins heureuse que Nîmes, notre cité n'a pas trouvé un Pradier pour orner de chefs-d'œuvre ses fontaines publiques; mais, grâces au génie de Montricher, les siennes peuvent développer des masses liquides qui ne ressembleront en rien aux maigres filets qui tombent entre les belles statues de la Fontaine de l'Esplanade.

Belles et utiles en tous pays, les fontaines publiques sont surtout précieuses dans les villes méridionales, inondées de soleil comme la nôtre, et c'est avec délices que l'on voit leurs eaux s'épancher en nappes limpides, s'élancer dans les airs en gerbes étincelantes ou simplement courir sur les bords de la voie publique, où elles portent la fraîcheur. Les deux cités où naquit, s'éleva et mourut le fier colosse romain, portèrent au plus haut degré le luxe et l'abondance des fontaines publiques. Dans la ville des Césars et des Papes, elles sont monumentales, splendides; le seul aspect de ces eaux qu'elles répandent avec tant de prodigalité frappe d'étonnement le voyageur qui, au milieu de tant de merveilles, se demande si la puis-

(1) Sous l'administration courte mais intelligente de M. Onfroy, ce genre d'amélioration a eu déjà un heureux commencement d'exécution. De nombreuses bornes-fontaines ont été posées dans divers quartiers, à l'usage du peuple. Il est à croire que notre édilité ne s'arrêtera pas en si bonne voie.

(*Note des Éditeurs.*)

sance sans bornes des successeurs d'Auguste n'a pas été vaincue par le génie, le goût et la prévoyance paternelle des souverains pontifes. A Constantinople, les fontaines que la ville dut aux empereurs grecs ont, depuis longtemps, fait place à d'autres dans le goût arabe et turc et dont la variété laisse la plus vive impression dans le souvenir du voyageur.

Marseille ne peut encore lutter avec la ville des Césars ni avec celle des Sultans ; mais depuis que les bâtiments à vapeur nous ont mis à quelques jours de navigation de l'une et de l'autre, nous devons comprendre qu'il faut au moins aborder ce progrès que nous pourrons quelque jour réaliser plus complétement, et qu'avec une masse d'eau si supérieure à celles qui sont amenées au Peyrou à Montpellier et par la source de la Fontaine à Nîmes, nous ne saurions rester dans une si triste infériorité vis-à-vis de ces deux cités voisines.

Il est temps d'aborder enfin ce sujet ; les flots de poussière que le vent enlève de toutes parts aux édifices en démolition, nous rappellent que nous sommes arrivés à une époque de renouvellement. Une large brèche est ouverte de l'est à l'ouest dans les quartiers neufs, et bientôt, sans doute, la double ligne abattue reparaîtra plus splendide. Bientôt le terrain montueux de la vieille Massilie sera remué, bouleversé, puis transformé dans tous les sens pour répondre aux besoins du siècle et à sa dévorante activité. Nous verrons enfin surgir les monuments dont notre ville avait un si grand besoin ; et parmi eux les plus désirés par le peuple, ceux qui fixeront d'abord l'attention du voyageur ce seront assurément les fontaines dont nos pères ne se privaient que par force, et dont l'alimentation, si difficile pour eux, est pour nous une œuvre déjà faite et qui ne demande plus que des dépenses et un choix habile d'artistes.

Nous avons parlé jadis des monuments que désirait Marseille à une époque où leurs projets à peine esquissés ou rêvés demeuraient dans l'expectative et l'incertitude. Le lecteur nous permettra bien de revenir sur ce projet fécond, et d'ajouter à nos anciennes *promenades dans Marseille* un nouveau chapitre où nous aborderons surtout les idées que soulèvent chez nos concitoyens le désir et le besoin de voir enfin l'eau du canal se montrer sous la formo la plus belle et la plus frappante, celle des fontaines publiques.

Au moment où le peuple de Marseille se plaignait le plus vivement de ce huis-clos auquel l'absence de fontaines condamnait les eaux du canal, tous les esprits furent douloureusement émus à la pensée de voir disparaître, par suite de la création de la nouvelle rue Noailles, la jolie et verdoyante fontaine qui ornait l'extrémité des Allées. Elle était d'autant plus belle que les hommes n'avaient, pour ainsi dire, rien à voir à sa création, et que la Providence seule, en semant des graines d'ormes, de roseaux, de lauriers-roses sur la base découverte de la vieille fontaine Beauvau, avait créé ce chef-d'œuvre de fraîcheur et d'élégance. Peu s'en fallut qu'en le voyant disparaître Marseille ne s'irritât contre cet élargissement de la rue Noailles si chèrement acheté. Heureusement l'autorité municipale comprit que jamais elle ne remplacerait le jet d'eau des Allées aussi avantageusement que par ce jet d'eau lui-même, et la belle verdure qui l'entourait que par une verdure semblable. Au moment où les planches qui entouraient la nouvelle fontaine disparurent devant les promeneurs, l'illusion fut complète, quoique le nouveau massif n'eût pas tout-à-fait la hauteur de l'ancien. Pourquoi faut-il que, deux jours après, on ait gâté le coup-d'œil et troublé le souvenir par l'adjonction de quelques mauvaises statues que, tôt ou tard, le bon sens public forcera d'enlever.

Peut-être doit-on regretter aussi que la fontaine n'ait pas été placée plus près de l'ancien emplacement, et que, couvert maintenant par de grands arbres, elle ne puisse plus dessiner, comme autrefois, son jet d'eau sur l'azur du ciel.

On se demande si les travaux exécutés aux boulevards du Nord et Dugommier devront imposer, pour raison de voirie, la suppression de l'obélisque élevé au milieu de la place des Capucines (autrefois des Fainéants). Ce monument que l'on aperçoit des Allées, des deux lignes du boulevard, et des rues Dauphine, du Petit-Saint-Jean et du Tapis-Vert, offre un point de vue des plus heureux. Il serait bien à désirer qu'au lieu de créer comme un désert sur la vaste place des Capucines, pour laisser aux voitures qui font le service de la gare un espace dont elles n'ont pas besoin, on leur imposât un léger détour au prix duquel la fontaine pourrait être conservée. Un peu de poésie ne gâte rien, même aux abords d'une voie ferrée. Toutefois, faudrait-il prendre quelques mesures pour empêcher l'inondation de la place, et pour cela il faudrait, tout d'abord, que le bassin de la fontaine ne fût plus un abreuvoir autour duquel les charretiers s'arrogent le droit d'arrêter leurs attelages.

Si, par malheur, l'enlèvement de l'obélisque et par conséquent de la fontaine paraissait inévitable, ne pourrait-on pas transférer l'un et l'autre sur la place de la Rotonde où ils se présenteraient si bien? La place vient, il est vrai, d'être transformée en *square* (si toutefois ce mot, qui signifie un *carré*, peut s'appliquer à un parterre arrondi), mais la place gagnerait à être ornée d'une fontaine et débarrassée de la rue qui la traverse et en gâte l'ordonnance.

Nous avons aussi entendu parler de transporter cette fontaine au milieu du carrefour où viennent aboutir Longchamp, le chemin de Saint-Barnabé, le boulevard de la Madelaine et celui du Jardin Zoologique, et qui serait considérablement agrandi. L'idée est heureuse, car l'on ne saurait trop créer de places dans une ville qui en a maintenant si peu, et, sur celle-là, il conviendrait d'établir une belle fontaine.

Puisque nous avons parlé du Jardin Zoologique, n'est-il pas bien regrettable que des maisons s'élèvent déjà sur le boulevard d'entrée, et viennent cacher par leurs masses le point de vue qui faisait à si bon droit l'admiration des promeneurs. Mais sur l'esplanade de Longchamp, le coup-d'œil est bien autrement étendu. La ville, la colline de N.-D.-de-la-Garde, la plus grande partie du territoire, bordé de collines aux teintes vives et chaudes, la Méditerranée enfin, y forment un vaste panorama.

Déjà, et l'on doit en féliciter notre administration municipale, une partie du programme d'embellissement est réalisée. Le public, qui ne s'en doutait guère, a été fort agréablement surpris quand il a pu visiter un délicieux jardin anglais, plus vaste que celui de la colline Bonaparte, plein de fraîcheur, verdoyant, embaumé de fleurs et se terminant à la chute du canal de Marseille dans le bassin d'épuration. Cette pièce immense, avec ses milliers de colonnes en calcaire jurassique (pierre froide), est un ouvrage colossal, caché sous la terre, et qui, supportant ce grand plateau, renouvelle ainsi la merveille des jardins suspendus de Babylone.

Il ne sera pas possible cependant de rester ainsi en chemin, et l'on devra bientôt mettre la main à la seconde partie du programme, la plus importante et celle qui se rapporte plus directement à notre sujet. Quand on aura fait disparaître les masures qui obstruent l'entrée du jardin et construit à leur place un élégant muséum d'histoire naturelle, il faudra supprimer l'escalier disgracieux qui termine si mal le boulevard Longchamp, et le remplacer par une cascade, non en rocaille, mais dans le genre de celles que l'on voit à Saint-Cloud et à Versailles; l'eau s'y élèverait et tomberait au milieu de statues et de vases élégants, et, sur les côtés, des rampes et des escaliers accompagnés de massifs de verdure et de fleurs conduiraient les visiteurs jusqu'au monument qui dominerait ce magnifique château-d'eau, et de là jusque dans les allées du jardin.

Nos concitoyens peuvent se souvenir des plans en relief que l'on voyait, en 1859, à l'Exposition de la Société artistique, et dont l'auteur était M. Bartholdi, jeune sculpteur fort distingué. Ces plans furent, au sein du conseil municipal, l'objet de plusieurs délibérations sur lesquelles on ne manquera pas de revenir à l'occasion, et qui peuvent donner une idée très-favorable du projet dont nous venons de parler.

Au surplus, il ne manque pas à Marseille de sites où, grâce à la déclivité du sol, on pourrait créer à volonté d'admirables chutes d'eau et de jolies cascades. Nous en parlerons en continuant notre revue. On trouverait surtout bien des points de ce genre dans la création du jardin public et du Palais des Arts, sur l'emplacement du Lycée et dans les terrains qui le dominent. C'est un projet sur lequel nous nous sommes autrefois longuement étendu, mais dont il ne sera pas inutile de dire encore quelques mots.

Avant d'y revenir toutefois, parlons d'un édifice peu éloigné, de la future église de Saint-Vincent-de-Paul, dont Marseille sera fière un jour, et à bon droit. Si ce bel ouvrage de M. Reybaud s'élève un peu lentement, au gré de bien des Marseillais, que l'on songe d'abord aux difficultés que présente de nos jours la construction d'une église en style gothique ; que l'on pénètre ensuite dans le chantier, qu'on examine la perfection du travail, ces massifs de colonnettes, ces niches ogivales, cette exécution si soignée, si délicate, et enfin qu'on tienne compte de la faiblesse des ressources dont la paroisse dispose. Mais le temps marche et les travaux marchent aussi Un jour viendra où cette splendide église terminera heureusement notre promenade des Allées par sa facade ouvragée et ses deux grandes tours surmontées de flèches aiguës.

Ici, qui ne regretterait qu'avec un peu plus de prévoyance et plus de foi dans l'avenir de notre cité, on n'ait pas fait l'acquisition des maisons placées derrière l'église, jusqu'à la rue Barthélemy. Le monument eût été rejeté ainsi en arrière ; en même temps on eût coupé le maigre îlot de maisons qui, à l'issue de la rue Consolat, sépare le cours du Chapitre du boulevard de la Madelaine jusqu'à la hauteur de la maison Rivet, et l'on aurait créé un carrefour remarquable d'étendue et de grandiose, et qui eût servi de débouché à sept ou huit artères.

Ce qui est devenu impossible pour l'église ne l'est pas pour l'îlot dont nous venons de parler. Il suffirait de démolir une maison ou deux pour réunir au Chapitre le boulevard de la Madelaine, et au lieu de percer de fenêtres le côté de maison que l'on trouverait devant soi en quittant les Allées, on pourrait établir sur ce point une fontaine élégante, et si l'on voulait conserver à l'îlot l'alignement de l'église en construction, la fontaine n'y serait que mieux à sa place, comme pendant de ce monument sacré.

II.

De l'église de Saint-Vincent-de-Paul à la place Saint-Michel, la distance n'est pas bien grande. Faisons cette ascension avant de nous occuper du futur Palais des Arts.

En revoyant cette esplanade où, grâces à un magistrat justement regretté (1), verdoient de si riants ombrages, qui ne s'est réjoui de voir disparaître cette roche malencontreuse qui surgissait si étrangement au milieu d'une sorte de pâté en maçonnerie, et d'où un jet d'eau, parfois colossal, le plus souvent assez mesquin, ne s'élançait que pour disparaître au lieu même où il retombait. La fontaine ou château d'eau qui remplace tout cet appareil, est mille fois préférable avec ses jets si nombreux et si variés et sa puissante gerbe, et quel effet ne devrait-on pas en attendre, le jour où la place serait convertie en un vaste square orné de verdure et de fleurs ?

Ce bel emplacement eût été aussi, par son étendue et sa régularité, très-propre à recevoir une fontaine monumentale. Il nous souvient d'avoir vu, à la dernière exposition de la Société artistique, un projet de M. Bartholdi, où figurait un saint Michel à cheval terrassant le dragon, et qui certes n'avait rien de commun avec le groupe burlesque dont avaient tant ri les bons Marseillais lors de la visite du Prince-Président, en 1852. La statue s'élevait sur un rocher presque à fleur de terre, entouré d'un vaste bassin, de forme très-allongée, orné de génies et de diverses pièces hydrauliques.

Avec l'exécution d'un projet de ce genre, la place

(1) M. Albrand, premier adjoint.

Saint-Michel et le boulevard Chave cesseraient d'être pour le voyageur des emplacements ignorés. Mais pour eux, comme pour les habitants de Marseille, ce serait toujours un quartier où l'on n'arrive que par des voies obliques et indirectes ; un grand boulevard devrait donc être ouvert vis-à-vis de celui de Chave, on en ménagerait les pentes avec habileté, et il viendrait aboutir au centre de la ville.

Arrivons maintenant à notre projet du Palais des Arts, car c'est bien le nom qui conviendrait à ce Musée où nos collections artistiques, dispersées aujourd'hui, et certes bien pauvres encore pour une ville antique, fameuse, opulente comme la nôtre, viendraient s'unir comme en faisceau pour paraître plus dignes de l'attention de l'étranger, de l'artiste et de l'amateur. Là seraient les galeries de tableaux, de sculpture, les salles des antiques, des monnaies, des gravures, des plans de Marseille, puis le Musée Puget et le Musée historique, dont l'enceinte immense pourrait servir de salle de concert. Avec le temps et par des travaux exécutés graduellement, les murs de ce Musée se couvriraient de grandes et belles toiles dues au pinceau de nos artistes les plus renommés et qui, pour l'instruction du peuple et la honte de nos détracteurs, offriraient aux regards l'histoire de Marseille, depuis sa fondation jusqu'à nos jours, avec les brillants épisodes de la guerre des Phocéens, du siége de Jules César, de celui du connétable de Bourbon, du dévouement des Marseillaises à ces deux grandes époques, et du patriotisme de nos commerçants alors que, par deux fois, on les vit contribuer si spontanément à réparer les pertes de la marine royale.

A ces galeries intéressantes on joindrait la bibliothèque de la ville avec les archives si curieuses de la Préfecture et celles de la Mairie, l'école des Beaux-Arts, le Conservatoire de musique, et, dans un local indépendant, la salle de réunion et les archives de l'Académie de Marseille, de la Société de Statistique et des autres réunions savantes ou littéraires de notre ville, et enfin de vastes salles d'Exposition, grâces auxquelles notre collection de tableaux échapperait au triste sort dont on n'a pas su préserver le Musée du Louvre, réduit, jusqu'à ces derniers temps, à enfouir périodiquement ses chefs-d'œuvre sous les tableaux plus ou moins historiques, et les portraits plus ou moins intéressants dus au pinceau des artistes parisiens de nos jours.

Après tout, ne vaudrait-il pas mieux, sous le rapport de l'art et même de l'économie, réunir ainsi, dans un vaste et splendide local, tous les établissements d'arts et de sciences que d'édifier, sur vingt points différents, et au grand dommage de la splendeur artistique, un Musée, une Bibliothèque, un Conservatoire de musique, le tout dans des proportions nécessairement restreintes et en nous privant de tout luxe d'ornementation pour ne pas multiplier les dépenses? (1).

Pour le choix d'un emplacement, on doit songer à l'avenir, et puisque nos collections, trop peu soignées jusqu'à ce jour sous le rapport financier, et ne contenant, par ce motif, qu'un petit nombre d'objets vraiment précieux, devront s'accroître grandement quand on le voudra bien, donnons-leur de la place dès à présent, et choisissons, pour le Palais des Arts, une superficie de terrain assez vaste pour que les édifices soient plus tard, s'il le faut, agrandis sans trop de difficulté.

(1) Nous ne faisons que deux exceptions : l'une pour l'Observatoire dont l'emplacement, si favorable, ne doit pas être changé ; l'autre pour le Muséum d'Histoire naturelle dont la place est marquée, naturellement, près du Jardin Zoologique.

Un emplacement, dans de telles conditions, acheté au centre de la ville, puisqu'il y a là une question d'embellissement, reviendrait à des sommes très-considérables : pourquoi donc ne pas se servir des terrains si spacieux et si propices qu'on a sous la main, et placer le nouveau bâtiment du Lycée, dans un quartier où le prix du sol serait moins exagéré ?

A diverses reprises, il y a déjà plusieurs années, nous avons indiqué, pour cette destination, les terrains qui avoisinent le Muséum d'histoire naturelle, cette ancienne loge écossaise du cours Julien. Derrière cet édifice, ou plutôt entre les rues Crudère et Bussy-l'Indien, il n'y a que des rues étroites, peu garnies de bâtisses, et où les immeubles existants ne sont pas d'un prix très-élevé. Sous le rapport de la salubrité, cette position, pour un établissement tel que le Lycée, serait assurément préférable à celle du local actuel. Quant à la ville, au moyen de cet échange, elle se trouverait en possession, non-seulement de tout le terrain nécessaire au Palais des Arts, mais encore d'un magnifique emplacement où elle établirait, sans frais superflus, un jardin public à deux pas des Allées, de la place Saint-Michel, des boulevards et de la Cannebière.

Ce jardin, qui serait orné de grilles le long du boulevard du Musée, occuperait, et le terrain que couvre aujourd'hui le Lycée impérial et ceux qui le dominent au sud. La pente naturelle du sol permettrait d'y créer, avec peu de dépenses et dans le genre français, des promenades et des sites ravissants. Trois terrasses superposées, où l'on arriverait par de grands perrons, diviseraient le jardin. Des plantations uniformes de grands arbres en garniraient les côtés ; le milieu, dégagé et sablé, n'aurait d'autres ornements que quelques massifs de fleurs, quelques jets d'eau et de petites cascades qui descendraient de terrasse en terrasse, et, sur la dernière de celles-ci, s'élèverait le majestueux Palais des Arts, dont la façade, ainsi que nous l'avons demandé, serait ornée des statues de tous les hommes célèbres dont s'enorgueillit notre cité.

Que faut-il pour la réussite de ce projet, bien moins dispendieux qu'on ne le supposerait à premier vue, et dont la réalisation fixerait chez nous, pour quelques jours au moins, l'étranger qui, aujourd'hui, s'arrange pour aller directement du chemin de fer au paquebot? Des magistrats zélés et influents et quelque haut patronage qui pût faciliter à Paris une transaction entre la ville et l'Université.

Parcourons maintenant les autres quartiers; mais avant d'entrer dans la rue Noailles, arrivée enfin à la largeur normale, rappelons-nous, en passant devant le boulevard Dugommier, les regrets exprimés tant de fois sur la malheureuse résolution qui a fait dévier, à l'extrémité orientale du boulevard de la Paix et au sommet des terrains du Chapitre, l'entrée de la gare du chemin de fer, dont la place naturelle était en face du boulevard du Nord, continuation de celui de Dugommier. Là, le voyageur serait descendu en ville par de grandioses escaliers, pareils à ceux de la gare de Lyon, et qui auraient occupé l'emplacement du Petit-Séminaire. L'état de choses si déplorable dont tous les hommes de goût gémissent aujourd'hui ne pourrait-il pas cesser, et, tout en conservant ce qui existe, n'utilisera-t-on jamais une position exceptionnelle? Dans un temps où l'argent peut tout, pourquoi le vieux bâtiment qui termine le boulevard ne céderait-il pas la place à des escaliers aboutissant au délicieux jardin de la Gare? Le centre de ce vaste perron présenterait l'emplacement d'un château d'eau du plus puissant effet, et dont la nappe gigantesque pourrait être accompagnée de riches accessoires mythologiques qui rappelleraient ceux de l'admirable fontaine de Trevi à Rome.

Le buffet du chemin de fer, si jamais on en construit un, deviendrait aisément, avec une carte modérée, un restaurant où, au défaut des voyageurs qui passent trop vite, les habitants viendraient contempler, la fourchette en main, le centre pittoresque formé par les collines de Saint-Loup, de Sainte-Marguerite, de Mazargues, de Marsio-à-Veïré, de Notre-Dame-de-la-Garde, et, en avant, l'enceinte immense de la ville. Une construction de ce genre, simple et élégante, ou bien un grand massif de verdure, cacherait la Gare aux yeux des promeneurs du boulevard, auxquels, sans cela, elle apparaîtrait toute de travers.

L'administration du chemin de fer trouverait son compte, sous plus d'un rapport, à voter cette amélioration au moment où la ville va entreprendre des travaux considérables aux abords de cette gare que nos édiles ont vu avec peine établir si loin. Ajoutons qu'une partie des terrains du Petit-Séminaire seraient, au besoin, susceptibles d'être utilisés très-lucrativement.

Quant au Séminaire lui-même, on lui trouverait aisément un local avantageux, et il y aurait bénéfice à créer pour lui, dans quelque heureuse position, un vaste et magnifique établissement, comme celui que les Frères des Ecoles chrétiennes ont fait construire récemment sous l'intelligente direction de M. Condamin.

Si le déplacement de la colonne de l'Immaculée-Conception devenait nécessaire, la place de la Liberté n'est qu'à deux pas, et en la transformant, comme celle de la Rotonde, en un petit square, on y placerait de la manière la plus convenable le monument de la dévotion des Marseillais pour la mère de Dieu.

Revenons à la rue Noailles et félicitons-nous de la pensée de l'autorité d'utiliser pour une fontaine le mur de la maison qui joindra l'extrémité des deux rues. Cette heureuse inspiration appartient à M. Gassend, ingénieur en chef de la voirie, chargé de l'exécution de la rue Noailles, et qui a su conduire, à la satisfaction générale, cette affaire délicate et difficile.

Dans son numéro du mois d'août 1860, le *Magasin Pittoresque* donnait le dessin d'un projet d'une fontaine par Pierre Puget ; sa disposition nous semblerait permettre de lui asssigner l'emplacement indiqué par M. Gassend.

Dans ce projet, une femme, qui paraît être la représentation figurative d'une ville, est assise sur un piédestal ; elle tient à la main un écusson. A ses pieds on voit un lion couché. Au-dessous est la proue d'un navire où, dans des attitudes toutes vivantes et pleines d'énergie, deux hommes tirent un filet. Sur le devant de ce navire, un dauphin lance une eau très-abondante qui retombe sur des quartiers de roche.

On croit que ce projet de fontaine était destiné à la ville de Marseille; il y aurait donc honneur pour elle à le faire exécuter en le confiant à l'artiste dont le faire se rapprocherait le plus de celui de Puget. Ce serait, enfin, une réparation pour le grand maître qui fut de son vivant si tristement méconnu par ses concitoyens.

Souvent on a parlé d'apporter des modifications à la place Royale pour dissimuler le défaut de parallélisme du Palais de la Bourse. Assurément, il n'a pas été heureux de faire de cette belle place un poste de voitures de louage; mais, comme les choses disgracieuses ne durent pas toujours, si jamais celle-là disparaît, le moyen le plus simple de cacher, en attendant mieux, le faux équerre du monument, serait de transformer en square chacune des moitiés de la place. Au centre de ces pièces de verdure, il faudrait des fontaines ou des jets d'eau; mais si l'on s'obstine à faire passer un jour la voie charretière au milieu du cours Belsunce, malgré les motifs nombreux qui condamnent ce fâcheux projet, il faudra bien enlever les fontaines du cours Belsunce et du cours Saint-Louis, et leur place serait marquée d'avance.

Si l'on créait un jour une grande place devant la façade nord de la Bourse, il y faudrait aussi une fontaine monumentale, et certes les sujets allégoriques ne manqueraient pas pour un tel lieu. On pourrait aussi transporter, derrière l'édifice, les voitures de louage qui obstruent en ce moment la place Royale.

Nous voilà bien près de la vieille ville, dans laquelle la rue Impériale va tracer un si large sillon; pourquoi ne pas nous occuper d'avance des améliorations que ces vieux quartiers nous semblent susceptibles de recevoir.

Quand notre Hôtel-de-Ville sera terminé d'une manière digne de Marseille et développera sa façade principale sur une place vaste et régulière, on pensera sans doute à la décorer d'une fontaine (1). Ne sera-ce pas alors le mo-

(1) Selon nous c'est donc sur la place Villeneuve agrandie et ouverte sur le Port que devrait s'étendre la façade de l'Hôtel-de-Ville. Au nord on reproduirait un corps de logis, semblable à celui qui se trouve sur le quai; ce seraient là les deux ailes du monument que relierait un bâtiment central en retrait. L'entrée serait ainsi modifiée et la rue de la Loge ne passerait plus sous la voûte de l'Hôtel-de-Ville pour arriver à la rue Lancerie, et aboutirait simplement à la place.

ment de payer une dette de reconnaissance et d'élever sur cette fontaine, avec la statue du chevalier Rose, celle de ces héroïques échevins qui, pendant près d'une année, bravèrent avec tant d'abnégation le plus épouvantable des fléaux, et dont le dévoûment put seul empêcher que la peste ne moissonnât jusques au dernier de leurs concitoyens ?

Bien des années nous séparent encore du jour où cette réparation, différée pendant un siècle et demi, pourra être offerte aux magistrats de 1720 ; mais nous serons moins exposés à nous perdre dans l'avenir en parlant de la place centrale que traversera la grande voie bientôt en cours d'exécution. A cette place ; située au centre de la vieille ville, rayonnent d'immenses boulevards, venant du quai Napoléon, des docks, de l'Arc-de-Triomphe, de l'Hôtel-de-Ville, du cours Belsunce et de la Cathédrale. Ce serait donc une admirable position pour une fontaine qui servirait de perspective à tant de voies différentes ; mais aussi la faudrait-il grandiose et vraiment monumentale.

Dans une des dernières expositions de la Société Artistique, un admirable projet de fontaine a été remarqué. Il est dû à M. Félon, un des meilleurs élèves de Pradier, et qui, aujourd'hui, consacre son talent à l'exécution de statues et de bas-reliefs pour l'église de Sainte-Perpétue, en construction à Nîmes (1). Sur un piédestal spacieux et élevé, la Navigation, sous la figure d'une femme au regard plein de hardiesse, l'étoile polaire au front, la main sur une rame antique, se tient fièrement debout.

(1) Cet édifice, que l'on exécute sur les dessins de Feuchères, l'architecte si habile et si regretté, dont l'intérieur offre un mélange heureux et original du gothique et du mauresque, produit le meilleur effet sur la belle *esplanade* de Nîmes.

A ses pieds sont les quatre parties du monde, qu'elle domine et semble relier entre elles. Sur le socle, des trirèmes sont conduites par des génies symboliques : les Arts, les Sciences, le Commerce et l'Industrrie.

Présenté à M. Honnorat, alors maire de Marseille, ce projet obtint de nombreuses et légitimes sympathies ; mais on ne trouvait pas, dans le centre de la ville, de place assez grande et assez belle pour lui. Maintenant, ne serait-ce pas le cas de l'examiner d'une manière sérieuse et de demander à l'artiste de mettre la main à cette œuvre magistrale, qui pourrait ainsi figurer à sa place quand la rue Impériale serait ouverte. Tailler dans le marbre tant de statues dont l'ensemble doit constituer le monument, ce n'est pas l'affaire d'un jour, il y faudra plusieurs années.

De la place, avons-nous dit, un boulevard doit se diriger vers la nouvelle cathédrale, dont nous voyons chaque jour s'élever les immenses assises. C'est là encore une ravissante position dont on se servira sans doute pour l'embellissement de la ville. Qu'il serait beau de se promener sur cette Esplanade, le soir surtout, au milieu de la verdure, des fleurs et des jets d'eau, tout en portant ses regards sur les nouveaux ports, leurs blanches jetées, leurs milliers de navires ; sur la résidence impériale et les îles, la pleine mer, le cap Couronne et les collines sauvages de la Nerthe et l'Estaque !

III.

Parmi les plans de régénération de la vieille ville, on trouve un projet assez peu connu, dont la réalisation, sous le rapport de l'agrément, serait bien précieuse pour la population de ces quartiers et pour les promeneurs du reste de la cité. Il consisterait à créer sur la hauteur dite des Moulins, c'est-à-dire dans la partie la plus élevée de l'ancienne Marseille, un immense jardin public, un square, puisque c'est le terme reçu. La vue y serait plus belle encore que sur l'esplanade de la Cathédrale, l'air plus pur et plus frais, et les eaux de la Durance pourraient être employées de mille manières pour l'établissement de cette merveilleuse promenade. Et pourquoi une fontaine monumentale n'y rappellerait-elle pas que, dans le fameux siége du XVIe siècle, ce fut de la hauteur des Moulins, où nos pères avaient hissé des canons du plus gros calibre, que partirent les boulets qui ravagèrent le camp des Espagnols, percèrent la tente du connétable de Bourbon, et ne permirent jamais à l'ennemi de dresser définitivement ses batteries contre cette partie septentrionale de la ville que l'héroïque activité des Marseillaises avait, en quelques heures, munie d'un impénétrable boulevard.

La nouvelle ville du Lazaret et d'Arenc offrira de très-belles places publiques. Celle qui existe déjà entre les maisons Mirès, les docks et la gare maritime ; la grande place d'armes, la place Pentagone modifiée offriront un jour, pour les fontaines d'apparat, des emplacements comme on n'en trouverait pas dans la ville actuelle.

Un jour viendra, nous en avons l'espoir, où, libre des tristes et cruelles rancunes révolutionnaires, quelque édilité intelligente et loyale élèvera sur une de ces places la statue du meilleur et du plus infortuné de nos vieux rois. Ce ne sera point là une question de politique, mais une œuvre d'honneur et de réhabilitation communale. Certes, dès la fatale année 1793, et plus d'une fois après, Marseille a prouvé d'une manière assez éclatante qu'elle ne fut jamais la complice des juges bourreaux du 21 janvier ; mais l'histoire, telle que l'écrivent certaines plumes à Paris, n'a-t-elle pas qualifié solennellement de *bataillon marseillais* cette horde de révolutionnaires de tout pays, de repris de justice, d'hommes pervers, la honte de la Provence, qui, dans l'été de 1792, allèrent à Paris, sur l'appel des Girondins, prendre la tête de l'émeute qui devait abattre le trône dans la fatale journée du 10 août? Il faut que cette honteuse solidarité soit hautement repoussée, et qu'un monument populaire, une fontaine que le peuple visitera chaque jour, que les voyageurs viendront admirer, porte à nos descendants une solennelle protestation.

Mais pour notre cité toute commerciale et maritime, pour un peuple qui fut libre sous ses rois jusqu'à vivre presque en république, et qui encore aujourd'hui frémit à la seule pensée que les mers pourraient un jour devenir le domaine exclusif de l'Anglais, le nom de Louis XVI ne rappelle-t-il pas autre chose que les vertus de famille, la bonté, le dévoûment au pays, les concessions portées jusqu'au martyre? Le bon roi ne fut-il pas aussi le libérateur de l'Amérique ; celui dont les vaisseaux vengèrent si noblement les affronts de 1763 ; le premier créateur de cette rade de Cherbourg, qui a rendu impossible le retour du désastre de la Hogue, et sous le sceptre duquel notre commerce prit un élan tel qu'il ne le connaissait plus depuis les belles années de Louis XIV.

Il y a longtemps déjà, nous exprimions un autre vœu non moins patriotique et marseillais, celui de voir consacrer autrement que par la simple qualification de *boulevard des Dames* le glorieux souvenir qui se rattache à cette énorme masse de terre que les Marseillais opposèrent jadis en quelques heures aux boulets que les Espagnols se disposaient à lancer sur la ville du haut des collines du Lazaret. On comprend quels beaux sujets d'inspiration cette foule de femmes empressées pour le salut de leur ville natale devrait offrir à l'artiste qui aurait mission d'élever sur le boulevard la fontaine commémorative de cette grande journée.

Et pourquoi, sur quelque point de la ville ancienne, un autre monument ne nous montrerait-il pas les femmes marseillaises se dépouillant de leurs cheveux pour donner des cordages à la flotte improvisée que leurs pères et leurs époux allaient faire sortir du Lacydon, pour combattre une fois encore les galères victorieuses que commandait le Romain Brutus?

Par le plan que l'on a cru devoir adopter pour adoucir la pente de la rue d'Aix, l'Arc-de-Triomphe placé à l'entrée de cette rue se trouverait dans une fâcheuse position, et l'abaissement de tous les terrains qui l'environnent le laisserait, pour ainsi dire, en l'air. On a, il est vrai, parlé de faire de ce monument une fontaine colossale, entourée et soutenue par un socle immense avec perrons, bassins et nappes d'eau. Ce serait, en quelque sorte, une fontaine des Innocents conçue dans des proportions sans exemple jusqu'à ce jour, et qui s'alimenterait par une sorte de fleuve.

Nous ne savons jusqu'à quel point un tel projet pourrait être exécutable, mais il est certain que nous regretterions bien vivement la disparition de ce monument, le seul que notre ville eût possédé pendant de longues années. C'est bien assez que l'esprit de parti soit venu le mutiler, avant même qu'il fût achevé, et consacrer à la Révolution les pierres qui devaient conserver le souvenir de la victoire qu'un fils de saint Louis avait remportée sur elle de l'autre côté des Pyrénées.

En face de l'Arc-de-Triomphe, mais à un mille de là,

s'élève, sur la place Castellane, un obélisque fort simple, car il est en pierre froide, sans aucun ornement, mais dans de belles proportions et entouré d'un bassin en forme de corbeille et plein d'élégance.

Cette fontaine, qui n'avait que bien peu d'eau lors de sa construction, en reçut abondamment après la création du canal. Heureux si l'on s'en était tenu là. Mais que les arrangeurs sont de déplorables gens !

En 1852, pour fêter la venue du prince-président, on commença par détruire l'élégance du bassin avec des socles malencontreux qu'on y accola de distance en distance; puis on colla contre l'obélisque d'étranges proues de galères grecques qui jetèrent, de trente pieds de hauteur et dans des proportions mesquines, l'eau qui naguère coulait tout simplement de la barre en nappes majestueuses. Quand les solennités eurent pris fin, tout cela parut si ridicule qu'on se hâta de les supprimer. Par malheur, les petits socles restèrent, et le beau bassin de M. de Villeneuve ne cessa pas d'être gâté.

En 1860, l'Empereur et l'Impératrice visitent Marseille, et le malheureux obélisque est encore une fois défiguré ; on y applique des consoles, on l'entoure de statues, c'est à ne plus le reconnaître. Par bonheur, tous ces lourds ornements sont construits de matières fragiles. Bientôt il faudra les abattre pour cause de sûreté publique, et puisse l'obélisque reparaître dans ses proportions et son élégante simplicité primitives.

Un jour, le boulevard Bayle, qui est une magnifique avenue, viendra déboucher sur la place Castellane et pourra même se poursuivre de l'autre côté de la place, par l'élargissement de la rue de l'Obélisque jusqu'au point de jonction projeté des boulevards Vauban et Notre-Dame (1). Il faudra voir alors si le vieil obélisque

(1) A ce carrefour on pourrait un jour construire une église

pourra nous suffire et s'il ne faudra pas l'embellir de nouveau ; mais, dans ce cas, qu'on adopte un projet définitif, et qu'on n'ait plus recours aux arrangeurs.

Pour la visite de l'Empereur, le rond-point du Prado avait reçu une fontaine juchée sur des gradins, dont la masse énorme mettait en état de blocus l'établissement public connu sous le nom de Château-des-Fleurs, un simple jet d'eau l'a remplacée avantageusement. Toutefois, il ne faut pas oublier qu'il est comme n'existant pas aux yeux du promeneur qui vient de la ville, et que, pour qu'on aperçût de la place Castellane, plus haute de huit mètres que le rond-point, la statue, le temple, l'objet enfin qui devrait faire perspective, aurait besoin d'avoir sa base à cette hauteur-là. Mais alors, le marbre se détachant sur les rideaux de platanes, ferait un tout autre effet qu'un simple jet d'eau.

Un peu plus loin, les terres qui précèdent le château-Borély, devenues le jardin de plaisance de Marseille, se transformeront bien un jour en une promenade publique, où l'imagination la plus féconde aurait le champ libre pour faire tomber, jaillir, circuler sous les formes les plus gracieuses les eaux de notre canal.

En fait de promenades publiques, Marseille pourrait, sans trop de frais, en créer une qui n'aurait point de pareille au monde. Il s'agirait de reboiser la colline de Notre-Dame-de-la-Garde ; c'est un vœu que nous avons formulé plus d'une fois ; nous y reviendrons. Pour réaliser cette entreprise, la ville devrait s'entendre avec le gouvernement, qui est, croyons-nous, possesseur de la colline ; arrêter le boulevard Gazzino à la hauteur des

bien nécessaire pour ces quartiers populeux. Un projet de cè genre a déjà, paraît-il, préoccupé plus d'une fois l'autorité diocésaine.

dernières maisons actuelles, empêcher que l'on bâtisse çà et là, comme on l'a fait malheureusement sur le côté du boulevard Gazzino, où une construction nouvelle produit un si piteux effet, et coupe l'admirable panorama dont on jouit à la hauteur de la chapelle.

Ces mesures prises, il suffirait, pour le moment, de faire quelques trous dans les rochers, d'y jeter un peu de terre végétale et d'y planter de jeunes pins ; ils viendraient bien d'eux-mêmes, et pour s'en convaincre, il suffit de jeter les yeux sur l'autre versant de la colline, du côté d'Endoume. De distance en distance il faudrait pratiquer des éclaircies pour laisser partout apercevoir la ville, la mer et les campagnes.

Après quelques années on s'occuperait des améliorations et des embellissements, et avec des travaux comme ceux qui ont doté le village d'Endoume des eaux du canal, on pourrait faire courir sur ces sommets, aujourd'hui si arides, de frais ruisseaux qui tomberaient en petites cascades ; on tracerait des allées en pente douce. La rampe ménagée pour faciliter à l'Empereur l'accès de la chapelle, permet de concevoir ce que l'on pourrait faire sur d'autres points pour rendre partout les hauteurs accessibles. Enfin, au pied et sur tout le contour du fort, on devrait établir une esplanade étendue, d'où les regards pourraient se porter non seulement sur la ville, la mer et les quartiers Nord et Est de la banlieue, mais aussi sur la partie Sud-Est que l'on ne peut voir aujourd'hui, et qui, tout émaillée de bastides que le canal a rendues fraîches, verdoyantes, ombragées, est fermée par les hautes et pittoresques collines de Sainte-Marguerite et de Mazargues.

En redescendant la montagne, qui pourrait être si belle le jour où l'on comprendrait toute la puissance de l'eau dans nos climats, nous passons devant la jolie cascade qui décore l'entrée de la colline Bonaparte. C'est là un de ces embellissements auxquels tout le monde applaudit, et il a véritablement changé l'aspect du cours qui se termine sur ce point. Mais il faut encore que la démolition de l'Arsenal ouvre un libre accès entre la promenade et le Palais de Justice. Malheureusement cet édifice n'est peut-être pas exactement parallèle avec le cours Bonaparte, et peut-être, pour dissimuler ce défaut, serait-il convenable d'établir sur les deux côtés de la place des massifs de verdure et des fontaines. Si, au contraire, le vice de position n'existait pas, il suffirait d'une fontaine au milieu de la place.

Nous nous retrouvons enfin au centre de la ville, à la place Saint-Ferréol. La continuation du cours Bonaparte, malgré la nouvelle direction qu'on lui assigne, permettra de conserver la fontaine que surmonte le génie de la santé, ce chef-d'œuvre de Chardigny.

Derrière cette fontaine s'élèvera le splendide hôtel de la Préfecture, dont la pensée doit nous être sympathique, car c'est nous qui l'avons exprimée le premier. Dans les squares qui précèderont l'édifice, et dans les jardins dont il doit être entouré, la place ne manquera pas pour des fontaines et des jets d'eau, dont on comprendra facilement le bel effet au milieu de ce magnifique ensemble.

IV.

Une autre fontaine qui mérite d'être religieusement conservée, c'est celle qui s'élève à l'extrémité de la rue Moustiers ou 1re Calade. Sur une colonne de granit antique est posé le buste d'Homère, et sur le socle se lit cette inscription : *Les Descendants des Phocéens à Homère.* Fille de Phocée, une des villes qui revendiquait la gloire d'avoir donné le jour au plus grand des poètes, Marseille semble avoir toujours gardé le culte de ce génie sublime, et on la vit, peu après sa fondation, réunir les œuvres du divin Homère dans une édition célèbre dans l'antiquité. Soyons fidèles à ces nobles traditions.

Notre promenade est achevée ; elle a été plus longue que nous l'avions supposé d'abord. Le sujet était vaste, il nous a bientôt entraîné. Et que n'aurions-nous pas encore à dire si nous avions voulu indiquer, même sommairement, tout ce qu'il y aurait à faire dans une ville où, par une sorte de fatalité, toutes les constructions, tous les agrandissements sont abandonnés au hasard ou aux arrangements personnels des citoyens, et où l'autorité ne s'en occupe que lorsque le mal est sans remède, et qu'on ne peut le pallier ou l'affaiblir que par d'énormes sacrifices ! Que n'en coûtera-t-il pas un jour à la ville pour rectifier, et certes bien imparfaitement, les quartiers du Chapitre, de la Madelaine, de la Plaine, de Castellane, et ceux qui s'élèvent derrière la colline Bonaparte, dans les vallons voisins d'Endoume et sur le revers sud de Notre-Dame-de-la-Garde.

Cependant avec le temps, et grâce à l'avenir qui reviendra à notre ville, si les révolutions ne précipitent pas jusqu'au bout leur course désastreuse, les projets que nous venons d'indiquer se réaliseront, au moins pour une bonne partie. Il suffit, pour en avoir la conviction, de songer aux pas immenses qui ont été faits depuis quelque temps. Marseille, on peut le dire, a pris enfin la résolution de devenir une belle, une splendide cité ;

mais il faut que chacun, dans sa sphère, contribue à l'œuvre commune ; que l'attachement et le respect pour la chose publique deviennent une sorte de culte ; que les pères, vis-à-vis de leurs enfants, les passants, même à l'égard des dévastateurs de tout genre, veillent avec zèle à la conservation de la propriété publique. Agir ainsi, c'est donner à l'autorité municipale un encouragement pour l'avenir et un motif de redoubler d'efforts dans la voie qu'elle s'est ouverte.

(*Gazette du Midi*, 3, 4, 6 Juillet 1861.)

Lettre relative aux travaux de la Rue Impériale.

MONSIEUR LE RÉDACTEUR,

Le 22 de ce mois aura lieu, ainsi que vous l'avez annoncé, l'adjudication des premiers immeubles à démolir dans les vieux quartiers. Bientôt après le premier coup de marteau sera donné et la rue Impériale entrera en voie d'exécution. Je me vois donc encouragé à venir, dans les colonnes de votre estimable journal, répéter un vœu que j'ai déjà exprimé.

Dans un travail sur le Palais des Arts, que la *Revue de Marseille* voulut bien accueillir et que vous eûtes la bonté de reproduire, alors que la construction d'un musée pour notre ville semblait imminente, je demandais la création d'une commission permanente des Beaux-Arts. Composée des hommes les plus spéciaux et les plus aptes à remplir ces honorables fonctions, cette commission veillerait, ainsi que cela se pratique déjà dans d'autres villes, à l'entretien du Musée, à l'accroissement successif et intelligent de ses collections. Dans ma pensée, elle devait se subdiviser en plusieurs sections, savoir : de peinture, de sculpture, de gravure, du musée Puget, du musée Historique que nous projetions, des Antiques et des monnaies. A cette dernière il appartenait de « surveiller, quand le moment de transformation de notre

« vieille ville serait venu, les fouilles et les travaux qui « devraient nécessairement amener des découvertes sur « ce sol sans doute si riche en débris antiques, et, en « attendant, d'inspecter toutes les fouilles sur les lieux « également dignes de fixer l'attention de l'archéologue. »

Le moment de la formation de cette commission générale des beaux-arts peut n'être pas encore venu; mais on reconnaîtra, du moins, qu'il serait très-opportun, pour ne pas dire urgent, de nommer une commission spéciale en vue des travaux qui vont commencer dans les vieux quartiers.

Marseille, après vingt-quatre siècles de bouleversements incessants, n'a pas gardé de monuments de son antique splendeur; mais tout porte à croire que son sol doit renfermer de nobles et précieux restes de cette splendeur, et plus d'un vestige des différentes phases de sa longue et glorieuse existence. Les découvertes faites successivement lors du creusement du bassin de carénage, puis des fondations de la nouvelle cathédrale ne permettent guère de douter à cet égard. Les terrains traversés par la rue Impériale peuvent bien, il est vrai, posséder moins d'antiquités que ceux qui avoisinent la place de Lenche et l'Evêché; mais il faut cependant que des hommes compétents aient le droit de prendre possession, au nom de la ville de Marseille, de chaque objet, de chaque débris, et de juger de leur valeur archéologique et artistique.

Plusieurs de nos compatriotes se sont fait un nom estimé dans la numismatique, l'archéologie, l'histoire locale, et accepteraient sans nul doute avec empressement et bonheur cette utile et honorable tâche. Le nom de quelques-uns d'entre eux vient aussitôt se présenter sous la plume. Nommer MM. Carpentin, Augustin Fabre, le Père Dassy, M. Mortreuil, Louis Méry, Casimir Bousquet, etc., c'est, ce me semble, montrer combien il serait facile à notre autorité municipale de trouver et de réunir les éléments d'une semblable commission.

L'histoire de Marseille pourrait recueilir, de cette mesure administrative, de nouveaux éléments d'appréciation; notre Musée ne manquerait pas de s'enrichir de médailles, d'inscriptions et peut-être de quelques sculptures, et il nous serait permis de montrer que nous ne restons pas aussi indifférents aux questions d'art qu'on veut bien le dire.

Inutile d'ajouter qu'il appartiendrait à la ville de mettre, comme clause obligatoire, dans toute adjudication de démolition ou de travaux de fouilles, que tout objet d'art ou de quelque mérite archéologique resterait sa propriété (1).

Recevez, etc.

(*Gazette du Midi*, 20 novembre 1861.)

(1) L'article 17 du cahier des charges qui était imposé aux entrepreneurs maintient tous les droits de la ville à cet égard.

La commission fut nommée par arrêté de M. le Maire en date du 2 décembre 1861.

(*Note des Éditeurs.*)

Du reboisement de la colline de Notre-Dame-de-la-Garde.

Parmi tous les projets qui touchent à l'embellissement de Marseille, il en est un qui nous a toujours été particulièrement cher et sur lequel nous sommes revenu plusieurs fois avec complaisance. Nous voulons parler du reboisement de la colline de Notre-Dame-de-la-Garde. Ailleurs, nous avons décrit le puissant et magique effet que produirait au loin la vue du sanctuaire de la Vierge Marie, s'élançant dans les airs sur un piédestal de verdure, le jour où la sainte colline, maintenant aride et désolée, se serait couverte de pins et d'arbres vivaces; puis, nous avons dit de quelle ravissante promenade notre ville serait dotée, promenade bien autrement originale que l'*Acqua Sola* de Gênes, et, où à chaque pas, au détour d'une allée, sur une plate-forme, à un carrefour, l'œil étonné s'arrêterait tantôt sur la vaste mer, tantôt sur nos ports encombrés de navires, puis sur la ville, puis sur mille points charmants de notre territoire si accidenté et si pittoresque (1).

Aujourd'hui nous tenons à faire voir que cette noble et utile entreprise présenterait bien moins de difficultés

(1) On peut lire les passages relatifs à ce projet, pages 62 et 130.

(Note des Éditeurs.)

et occasionnerait de bien moindres dépenses qu'on peut le supposer tout d'abord.

A cet effet nous allons montrer par quels efforts, par quels travaux la ville de Nîmes a transformé un mont fortement raviné, et exposé à toutes les fureurs du Mistral, en une promenade pittoresque et qui emprunte un véritable charme à sa physionomie presque sauvage.

Le Mont Duplan est une colline allongée du Nord au Sud, qui domine immédiatement au Nord-Est la ville de Nîmes; le versant opposé s'étend sur la vallée dans laquelle s'engage la ligne ferrée d'Alais; sa superficie est de sept hectares cinquante centiares; elle est à toutes les expositions, mais pour les trois quarts à l'Est et au Sud; les pentes y sont de 25 à 30 pour cent; le sol de nature essentiellement calcaire ne se composait que de rochers dépourvus de toute végétation; il n'y existait ni chemins, ni sentiers. L'aspect de cette masse grisâtre qui surplombait une partie de la ville attristait le regard et formait un fâcheux contraste avec le mont d'Haussez ou mont Cavalier, qui s'élève un peu plus loin, mais tout enveloppé de verdure et sur le sommet duquel apparaît la tour Magne, cette imposante ruine romaine.

En 1859, monsieur Duplan, maire de Nîmes, conçut l'heureuse et patriotique inspiration de reboiser ce lieu de désolation, d'en cacher ainsi la vue aux voyageurs et d'y créer une promenade publique. Mais comment faire croître et prospérer des arbres sur un roc dénudé, lavé par les pluies, brûlé par le soleil, balayé par des vents impétueux? Cependant, M. le maire de Nîmes communiqua son projet, ses craintes, ses désirs à un homme compétent dans les questions forestières, M. Pessard, sous-inspecteur des forêts du département du Gard. Sur les assurances favorables de M. Pessard qui se chargea de la direction des travaux, malgré les nombreuses et laborieuses occupations de son service, des essais furent immédiatement faits et sur une assez vaste étendue. Le succès en fut complet. En 1860 et en 1861 le conseil municipal alloua les fonds pour le boisement général, pour l'exécution de tous les travaux nécessaires et l'établissement des voies de communication, toutes choses auxquelles on mit la main sans retard et que l'on poursuivit sans relâche.

Il fallut alors recourir à la mine sur la superficie presque entière des terrains à planter; les rochers furent culbutés et crevassés; les détritus des mines et quelque peu de terre rapportée formèrent la couche végétale suffisante à la reprise des arbres et des plantes. Cette partie du programme fut la plus longue et la plus coûteuse, comme on le verra.

Les arbres furent ensuite plantés, en motte, de l'âge de quatre, cinq et six ans et au nombre de quinze mille; ils furent choisis parmi les essences les plus robustes et s'appropriant le plus au sol et au climat, tels que: pins d'Alep, pins noirs d'Autriche, cyprès Pyram, cyprès étalés, thuyas, cèdres, etc.; parmi lesquels les pins forment l'immense majorité. Sur l'avenue qui, du chemin d'Uzès vient aboutir jusqu'à mi-hauteur de la colline, et ainsi mieux abrités, des arbres à feuilles caduques ont bien réussi. Ce sont des acacias, des ailanthes, des frênes, des ormes, des mûriers de la Chine, des arbres de Judée. Des semis de chêne vert prospèrent également. Enfin, il a été introduit des plantes grasses et une foule d'arbustes vivaces pour compléter le sous-peuplement.

Le Mont-Duplan constitue maintenant une promenade qui ne tardera pas à devenir fort agréable; des chemins, des sentiers ont été établis dans tous les sens ; plusieurs escaliers, dont l'un surtout se fait remarquer par de grandes proportions, ont été taillés dans le roc même, des banquettes en pierres sèches ont été élevées au pied des rochers à pic pour la végétation des plantes grimpantes; sur le sommet et vers le centre de la colline s'étend une vaste plate-forme. De cette hauteur, comme de plusieurs autres points, on voit à ses pieds Nîmes et sa vaste plaine. Quelques pas plus loin, c'est la vallée couverte d'oliviers et où passe, sur un grand viaduc, le chemin de fer d'Alais qui se présente à vous. On a eu soin de conserver intacts de grands rochers d'une forme capricieuse et tourmentée le long desquels serpente une allée ; les ravins forment de petits vallons qui renferment des plantes plus délicates que celles exposées sur les versants de la colline.

L'ensemble de ces travaux qui sont considérables et importants, ne s'élève qu'à la somme de 16,000 francs. Les chemins, sentiers, escaliers et déblais y sont pour la moitié, les mines pour un quart, et la plantation, proprement dite, pour l'autre quart.

Il est vrai de dire que les ouvriers, employés à cette rude tâche, étaient intelligents et rompus aux travaux de ce genre, qu'ils ont été soumis à une habile direction, que tout enfin a été fait avec une sage économie, l'embellissement des détails devant venir plus tard si la ville le veut. Ajoutons de plus que la réussite a couronné cette courageuse entreprise, car toutes les plantations sont d'une belle venue, et sur 15,000 arbres plantés, durant ces trois années, 400 à peine ont eu besoin d'être remplacés.

Ainsi se trouve réalisée l'idée généreuse d'un magistrat éclairé, que la mort vint surprendre trop tôt et avant l'entière transformation de cette colline nommée par la reconnaissance publique le Mont-Duplan. Quant à M. Pessard, il n'a voulu accepter, comme récompense de ses travaux et de ses fatigues, qu'une médaille d'or, que lui a décernée la ville de Nîmes. On est heureux de citer de pareils faits.

Tel est l'exemple et la marche à suivre pour le reboisement de la colline de la Garde. Ne point se lancer dans des dépenses extraordinaires ; se bien garder de dessiner de prime abord, sur les flancs de la sainte montagne, un parc anglais, avec gazons et massifs de fleurs ; se contenter d'y transporter des arbres résineux et de jeunes pins ; accomplir même cette œuvre en plusieurs années, pour moins charger, d'un seul coup, le budget municipal, sauf plus tard et avec le temps à y apporter toutes les améliorations et tous les embellissements qui pourront être jugés utiles et nécessaires.

Faisons des vœux, maintenant, pour que ce projet, qui depuis quelque temps a conquis de nombreuses sympathies, ne tarde pas à avoir un commencement d'exécution. Le Mont Duplan doit être pour nous un exemple d'autant plus encourageant que nous aurions à notre service, jusques sur le faîte de la colline, une eau fécondante qui manque complètement à Nîmes.

Marseille, décembre 1861.

Considérations sur l'élargissement de quelques rues et sur le plan des vieux quartiers.

Il est difficile de ne pas constater, à moins de mauvais vouloir, l'impulsion prodigieuse donnée partout en ces derniers temps, aux projets d'agrandissement, de rénovation et d'embellissement qui, en quelques années, ont transformé plusieurs des grandes villes de France. Nous n'avons pas ici à examiner les avantages ou les inconvénients de cet immense mouvement de travaux publics, et ce n'est pas le lieu de savoir si ce système n'a pas été exagéré dans son application. Ce que nous pouvons assurer, c'est qu'il était une ville qui, plus qu'une autre, devait profiter hardiment de ce régime exceptionnel et si facile pour toutes les entreprises gigantesques. Cette ville, c'était Marseille, Marseille que nous avons pu voir, en quelques années, doubler d'étendue et de population; Marseille à qui la fortune sourit et tend les bras; Marseille qui avait besoin de remédier à bien des fautes, et de ne pas perdre un temps précieux et irréparable pour s'élever au niveau de ses nouvelles et futures destinées. C'est pourtant elle qui a le moins bénéficié de cet état de choses qu'il ne tenait qu'à elle d'utiliser. Aujourd'hui, forcée d'entrer dans la voie des grandes affaires, elle s'y trouve dans des conditions moins favorables que les cités ses devancières.

Les premières et belles années se sont écoulées; on a usé du crédit sous toutes les formes ; on reconnaît la nécessité de régler les dépenses et d'apporter une certaine mesure à l'exécution des grands projets d'utilité publique.

Cette situation, qui pèse sur nos opérations communales et sur les intérêts les plus vivaces de la cité, doit-elle décourager notre édilité et nos concitoyens? Nous ne le pensons pas; car les motifs les plus puissants semblent solliciter la persévérance et la ténacité dans le but à atteindre. L'extension du commerce, le développement de nos ports, cette perspective pour Marseille de devenir l'entrepôt du monde, parlent ici non plus seulement au nom d'une ville, mais au nom du pays entier. En effet, nos intérêts ne sont si grands que parce que ce sont ceux de la France. Ainsi, ouvrir de grandes voies de communication, agrandir des artères hier encore spacieuses, et aujourd'hui insuffisantes au mouvement général, faciliter au commerce les moyens de transport, diminuer les distances, en un mot, tous les travaux d'utilité publique ne doivent plus être à Marseille le fait d'un patriotisme purement local, mais doivent encore être inspirés et dominés par un noble sentiment de patriotisme national (1).

En nous plaçant à cette hauteur de vues, nous n'entendons pas exclure la sagesse et la prudence dans l'exécution. Mais c'est agir avec une intelligente économie que

(1) Ces considérations ont été comprises dans notre ville, et il faut reconnaître, à l'honneur de notre municipalité, que jamais on ne vit plus d'activité et plus d'esprit de suite dans la réalisation de plans largement conçus. Le bureau des travaux publics nous offrait, l'autre jour, à l'Hôtel-de-ville, quatre projets soumis à l'enquête, tous propres à satisfaire les exigences les plus inquiètes. L'un était relatif à la jonction de la Corderie avec le cours Bonaparte; les deux autres se rapportaient au chemin de la Corniche, pour son achèvement et son entrée en ville d'un côté, et de l'autre, pour sa continuation jusques à la vieille chapelle de Mont-Redon. Le quatrième projet concernait le dégagement de l'Hôtel-Dieu entre les rues Montée-du-Saint-Esprit et de la Roquette.

de prévoir l'avenir et de procéder, en temps opportun et avec gradation, à des améliorations, à des travaux qui peuvent n'être pas encore d'une urgence reconnue, mais qui ne tarderont point à le devenir, et qu'il faudra alors acheter au prix des plus grands sacrifices. Il entre donc essentiellement dans la nature des actes d'une administration sagace et prévoyante de soumettre à la mesure de l'alignement, par voie de servitude, certaines rues appelées à être bientôt des artères importantes.

Indiquer quelques-unes de ces rues, celles qui nous paraissent devoir, dans un avenir prochain, augmenter considérablement d'importance, tel sera le but principal de ce travail, auquel nous ajouterons quelques considérations générales.

Dans le projet dernièrement soumis à l'enquête et relatif à la jonction du boulevard de la Corderie au cours Bonaparte, la rue Notre-Dame prend la largeur du boulevard du même nom jusqu'à la Corderie. Pourquoi d'ores et déjà ne pas appliquer la même largeur à la rue sur toute son étendue, et ainsi jusqu'au port? Les maisons prendraient le nouvel alignement au fur et à mesure de leur reconstruction, et ce serait le moyen de rendre cette reconstruction bien plus rapide. On doterait ainsi tous ces quartiers d'une belle voie qui rendrait plus faciles les communications avec le port et apporterait de l'air et de la lumière. A l'autre extrémité du boulevard Notre-Dame, il faudrait, pour le poursuivre jusqu'au boulevard Vauban, se préoccuper d'abattre la colline qui y met obstacle. Il y a quelques années, nous a-t-il été assuré, des entrepreneurs se seraient chargés de ce coupement pour 25 à 30,000 francs; maintenant il en coûterait le double, et bien plus encore. Mais le jour où ce travail serait fait, le boulevard Notre-Dame, partant du boulevard Vauban pour venir aboutir sur les quais, en face même de l'Hôtel-de-ville, formerait une avenue d'une étendue et d'une largeur peu communes.

Un autre boulevard pour la continuation duquel nous avions, dans le temps, vivement réclamé, appellerait également l'attention. Le boulevard de Rome devait, selon nous, se continuer large et spacieux jusqu'à la place Saint-Michel, en suivant la direction de la rue des Bergers ; puis, après avoir passé devant l'église de Notre-Dame-du-Mont, celle des rues Fontange et Saint-Michel. Depuis lors, une grande et belle maison a été construite à l'angle du boulevard et de la rue des Bergers, tandis que derrière, et le long de la rue de ce nom, l'élargissement serait encore très-facile, car on n'y voit toujours que de vieilles masures. On pourrait donc reprendre ce projet, car, pour faciliter aux piétons et surtout aux voitures l'accès de la plaine saint-Michel, on ne saurait trop, en effet, en modifier les abords (1).

Quoi que l'on fasse, relativement à cette idée, le moment n'est pas loin où il faudra rapprocher du centre de

(1) Il y a quelques années, une occasion se présentait pour commencer cette œuvre de régularisation des abords de la Plaine. La rue des Petits-Pères, qui est la route de tout charroi se dirigeant vers ce quartier et la rue Curiol, ont une même issue sur la place Saint-Michel. Il était donc rationnel de rendre cette issue vaste et commode, de la transformer au besoin en carrefour, ou, pour le moins, de lui donner la largeur de la plus grande de ces rues. C'est tout le contraire qui a été fait ; et, malgré les réclamations et les pétitions des habitants de tout le quartier, de nouvelles constructions s'y sont élevées à l'alignement de la rue Curiol, la plus étroite des deux, et parce que c'est cette rue qui vient y tomber directement. Maintenant, de la rue Napoléon à la place Saint-Michel les charrettes et les voitures ont à traverser un vrai défilé, et il y a souvent encombrement.

la ville, par une grande artère, ces beaux, vastes et populeux quartiers. Ils y touchent pourtant, mais, en l'état et par le fait, ils en sont éloignés, puisque l'on n'y parvient qu'après bien des détours et par des rues d'une largeur tout-à-fait insuffisante. On pourrait atteindre ce but en ouvrant, vis-à-vis du boulevard Chave et ainsi de l'autre côté de la place Saint-Michel, un boulevard que l'on dirigerait sur un point important de la ville, et d'après une pente facile et un tracé direct. En continuant la ligne du boulevard Chave, on viendrait tomber à la rue de Rome et à l'entrée de la rue Pisançon, aprés avoir coupé la rue Piscatoris, suivi une partie des rues Neuve et Maucouinat, et touché l'extrémité de la rue Saint-Ferréol-le-Vieux, rues qui, toutes, doivent être, d'après le programme municipal, plus ou moins transformées. Puis un jour arriverait peut-être où une nouvelle génération se chargerait de poursuivre cette ligne magistrale, à partir de la rue de Rome jusqu'au port, pour finir ainsi sur le quai Napoléon, tout proche de la rue Vacon. Si la rue Noailles n'était pas en voie d'exécution, il serait encore mieux de conduire ce boulevard jusqu'à l'entrée même de la rue des Feuillants. Dans ce parcours, il aurait l'immense avantage, une fois les rues Sibié et Napoléon traversées à leur extrémité Est, de rencontrer de grandes superficies de terrain, qui sont du domaine public, tels qu'une partie du boulevard du Musée, la Halle et le Marché des Capucins, que l'on pourrait heureusement modifier.

A quelques pas de là, la rue Longue-des-Capucins est élargie à dix mètres sur le périmètre d'expropriation des terrains de la rue Noailles. Combien n'est-il pas regrettable aujourd'hui que cet alignement n'ait pas été adopté depuis quelques années et lors de la construction du Mont-de-Piété et de la reconstruction de plusieurs habitations privées. Malgré cet oubli, serait-ce trop tard pour obliger au reculement, sur toute l'étendue de la rue, les maisons qu'un intérêt bien entendu ferait réédifier sous peu ? Somme toute, c'est le cas du plus grand nombre, et leur démolition ne se ferait pas longtemps attendre si l'importance de cette rue augmentait par le fait de son élargissement. Or nous estimons que la rue Longue-des-Capucins, ainsi agrandie, pourrait rendre de grands services au charroi qui, de toutes les parties de la ville, se rend à la gare du chemin de fer, aux abords de laquelle il est bon de multiplier les grandes artères. Elle aurait de plus, à remplir le rôle d'artère de secours, d'une incontestable utilité, dans les moments de réparation des voies parallèles, le Cours et le boulevard Dugommier.

Des deux côtés de la rue Longue-des-Capucins, deux autres voies réclameraient, pour les besoins de la circulation, la même mesure. L'une d'elles, la rue des Recolettes, a vu sa largeur portée à 10 mètres à droite et à gauche de la rue Noailles, ou soit à partir de la rue du Musée à la rue de l'Arbre. N'était-ce pas indiquer que le même élargissement devait se prolonger sur tout le parcours? N'était-ce pas ce qu'on appelle une amorce?

Pourquoi donc laisser reconstruire, à la même époque, et à l'ancien alignement, deux grandes maisons, tandis que jusqu'à ce moment, toutes réclamaient, plus ou moins, le secours des maçons?

L'agrandissement de la rue des Recolettes aujourd'hui à peu près impossible, était d'autant plus impérieux, qu'en livrant passage à une bonne partie du charroi qui descend de la rue Tapis-Vert au cours Belsunce, il devenait moins nécessaire de faire passer la voie charretière sur le milieu de cette promenade, ainsi qu'on l'a demandé bien souvent. Que partout ailleurs on veuille livrer aux voitures l'allée centrale de nos boulevards, nous y consentons volontiers, mais nous déplorerions, quant à nous, l'application de cette mesure pour le cours Belsunce.

Sans parler de la magnifique plantation à laquelle il faudrait porter atteinte, n'est-il pas évident que cette promenade si fréquentée, deviendrait inaccessible le jour où elle se trouverait interrompue, à chaque instant, par des rues toujours sillonnées de voitures et que l'on ne pourrait franchir sans courir le risque d'être constamment écrasé. Pourtant c'est ce qui arriverait quand la voie du milieu, consacrée au public, serait supprimée et remplacée par de vastes trottoirs sur le devant des maisons. C'est, en outre, la promenade spéciale et comme la bourse du peuple, et c'est ce qui nous la rend plus sacrée. Chaque jour, les ouvriers sans travail, s'y donnent rendez-vous, ainsi que les patrons et les chefs de chantier. On se voit, on cause et l'on conclut des marchés. Le Cours, tel qu'il est, a donc son utilité, et puisque dans ce temps-ci la démocratie est un mot qui se trouve dans toutes les bouches, que l'on voit affiché, en grosses lettres, à tous les coins de rue, soyons démocrates, et de la bonne façon, en conservant au peuple sa promenade favorite.

Dans une autre direction, l'élargissement sur le côté Est de la rue de la Grande-Armée, par voie de servitude, avait été sanctionné par délibération de la dernière municipalité. Cette rue n'est-elle pas, en effet, la continuation directe de la partie la plus importante du boulevard de la Liberté, qui commence à l'entrée de la gare, et n'est-ce pas par elle que ce grand boulevard est relié aux

Allées de Meilhan, dont la voie charretière vient d'être si considérablement agrandie? Depuis cette époque, cependant, une belle maison a été élevée sur le même côté Est qui était à peu près sans construction. N'y aurait-il pas lieu d'aviser et de refuser aux nouvelles bâtisses l'ancien alignement ?

Une entreprise bien plus importante et qui contribuerait puissamment au travail de régénération de la vieille ville, travail si courageusement entrepris sous l'habile et intelligente direction de M. Gassend, serait de faire entrer la conservation et l'élargissement de la rue Sainte-Barbe dans le plan d'ensemble des vieux quartiers, et d'y mettre la main sans trop tarder. Qu'on y réfléchisse bien, si la rue Sainte-Barbe n'était pas toute tracée, toute faite, il faudrait la créer (1). Par elle et la rue Belsunce,

(1) Il est de notre devoir de dire que cette idée se trouve dans les plans de régénération des vieux quartiers, appartenant à M. Vaucher, et qui nous furent montrés, il y a déjà plusieurs années. La rue Sainte-Barbe s'y trouve conservée, mais la rue Belsunce change un peu de direction et vient aboutir sur le port à la façade de l'église des Augustins; quant à la rue Impériale, elle est rejetée quelques mètres plus loin. Entre ces deux grandes artères, la paroisse Saint-Ferréol serait alors, et d'une manière très-heureuse, reconstruite au bout du quai Napoléon et entourée d'un joli square.

L'idée générale de ces plans est la même que celle des plans de la ville; on voit cependant entre eux des différences assez notables, outre celle que nous venons de signaler. Ainsi, d'après les plans de la ville, le grand boulevard qui part de l'Arc-de-Triomphe, traverse la place centrale et finit à l'Hôtel-de-Ville, tandis qu'il se dirige, d'après les plans de M. Vaucher, vers la Consigne ou l'extrémité Ouest du vieux port, s'arrêtant, au besoin et pour le moment, à la place centrale pour ne pas attaquer l'Hôtel-Dieu. Enfin, la partie du Grand-Chemin d'Aix, qui vient en droite ligne de la place Saint-Lazare (où se trouvait

qui en est la suite, ne vient-on pas tomber sur le port? Ces deux rues, franchement élargies, deviendraient ainsi la route la plus directe pour tout le charroi qui, de la place d'Aix, de la Gare, du quartier Saint-Lazare, se dirige vers Rive-Neuve et les quais du vieux port, et auquel on épargnerait de la sorte l'angle formé par le Cours et la Cannebière. Enfin, outre que la rue existe et qu'il faudrait pour l'agrandir d'un seul côté bien moins de dépenses que pour en ouvrir une nouvelle, et seulement dans quelques années, il y aurait encore dans sa conservation et son prochain élargissement un avantage immense, que nous avons entrevu plus haut, celui d'arriver à la transformation d'une partie de la vieille ville bien plus facilement et bien plus rapidement.

Répandre de l'air et de la lumière dans des quartiers déshérités, et établir entre la nouvelle ville et les établissements maritimes de la Joliette et d'Arenc une communication directe, tel est le double but de la rue Impériale. Mais, il ne faut pas que l'on se le dissimule, la première partie de ce programme ne pourra se réaliser, d'une manière satisfaisante, que par l'établissement de voies à peu près parallèles à la rue Impériale, et propres à faciliter le remaniement des rues tranversales. A Lyon, la

l'octroi il y a une dizaine d'années) à la place Pentagone, se poursuit, d'après ces derniers plans, jusqu'à la place de l'Hôtel-de-Ville.

Les autres boulevards sont comme dans les projets de la ville : la rue Impériale du quai Napoléon aux docks et un grand boulevard du haut du cours Belsunce au transept de la Cathédrale. En tout, quatre grandes artères ; au lieu que la ville n'en a que trois; la rue Impériale, celle de la Cathédrale au Cours, et celle de l'Arc-de-Triomphe à l'Hôtel-de-Ville.

Ces plans, respectent, en outre, tous les grands édifices des vieux quartiers.

rue Centrale a paru, à l'administration, trop éloignée de la rue Impériale, et l'on a cru bon d'ouvrir entre ces deux grandes voies, la rue de l'Impératrice. La rue Sainte-Barbe portée à une largeur convenable, tendrait donc, de concert avec la rue Impériale, à faire changer de face une partie importantes des vieux quartiers.

En exposant ces idées, il ne nous semble pas qu'il soit hors de propos de nous demander si, pour alléger cette colossale affaire de la rénovation du vieux Marseille, il ne serait pas possible de retoucher quelque peu les plans d'ensemble. Ces plans sont sans doute magnifiques ; aussi en conserverait-on l'idée première, l'idée mère qui consiste, comme on le sait, à faire rayonner vers une place centrale, les grands boulevards qui partent des divers points extrêmes de la vieille ville. Cependant, ne pourrait-on pas conserver celles des rues existantes, susceptibles de modifications et de redressements ; ainsi, la rue Sainte-Barbe et quelques rues qui se dirigent de celle-ci vers le Cours ; ainsi la rue Coutellerie et peut-être quelques-unes de ces rues qui vont en droite ligne, de la Coutellerie vers la Grand'Rue ? Pourquoi, notamment, détruire la rue Coutellerie qui est large et spacieuse, quoique courbe, mais que l'on pourrait rectifier, pour en créer une autre, juste à côté ? Ce sera plus beau, en effet, mais au prix de plusieurs millions de plus.

En y réfléchissant, du reste, on s'aperçoit que nos plus beaux quartiers possèdent un grand nombre de rues qui ne valent pas celle-ci, qui semble créée à dessein pour conduire à l'Hôtel-de-Ville, et dont l'existence à deux pas et parallèlement aux quais du port, est d'une utilité incontestable, surtout pendant les journées de grande chaleur. Enfin, il nous paraîtrait avantageux de suivre l'exemple de Paris et de Lyon, et de faire concourir, autant que possible, l'intérêt privé au plan de rénovation commencé par la rue Impériale; au lieu de le rendre impuissant, de lui enlever les moyens de raccordement, de lui fermer les issues directes sur la rue future, et de provoquer par là toute sorte de difficultés.

Le même ordre d'idées serait également applicable à quelques-uns des édifices publics que renferment les vieux quartiers : l'Hôtel-Dieu, la Charité, l'église des Prêcheurs ne sont pas, je le veux bien, des monuments remarquables, mais il n'en est pas moins vrai que leur reconstruction coûterait des sommes fabuleuses (1). En attendant, contentons-nous de les conserver, de les faire entrer dans le plan général, de les améliorer et de les embellir, dût-on pour cela, modifier la direction de quelques rues, et racheter des différences considérables de niveau au moyen de vastes perrons. Pour l'église des Prêcheurs, dont la façade, dans une ville comme la nôtre, n'est point à dédaigner, une place régulière et un grand perron seraient de nature à rendre cet édifice religieux d'un très-bon effet. Il n'y aurait pas non plus de raisons majeures, à moins d'avoir de l'argent de reste, pour démolir l'église de Saint-Martin lorsqu'on attaquera cette portion de notre antique cité. Notre Cathédrale provisoire, restaurée à l'intérieur sur l'étendue de ses

(1) Le projet soumis à l'enquête et qui consiste à dégager l'Hôtel-Dieu, vers la Grand'rue, à établir une place et un immense perron, nous fait croire que les plans primitifs de la ville, qui faisaient table rase de tous les édifices, doivent être modifiés; car, on ne se livrerait pas à des dépenses aussi considérables si on avait la pensée de détruire ces établissements. Du reste, il n'y aurait pas le moindre inconvénient pour l'Hôtel-Dieu à se trouver, s'il le faut, isolé sur une hauteur.

On va faire également d'importantes réparations à l'Hospice de la Charité, auquel il ne serait pas difficile de donner une tournure monumentale.

cinq nefs, bien dégagée à l'extérieur, et ornée d'après le style gothique, ayant rouvert aux fidèles son ancienne porte principale, aujourd'hui sur la rue du Petit-Cimetière, entourée au besoin d'un square qui servirait à faciliter l'abaissement graduel du sol vers ses abords, serait encore très-acceptable.

Ainsi restons, tout en accomplissant énergiquement ces immenses travaux, restons dans les limites du possible; raccordons au plan d'ensemble, en les élargissant et en les redressant, les rues existantes qui, rigoureusement, n'ont pas besoin d'être détruites; conservons les édifices publics, dignes pourtant de ce nom, et s'il le faut, et en vue de ce résultat, donnons un peu plus de pente à nos boulevards, mais toujours de façon à les rendre facilement accessibles au charroi, et faisons, dans la colline, des tranchées moins profondes.

Dans la nouvelle ville, aussi bien que dans la vieille, il ne faut pas tout détruire. Ce sont surtout les places publiques, si rares et si exiguës chez nous, que nous devrions respecter, et malheureusement ce sont elles que les circonstances se chargent de faire disparaître. Non seulement, en effet, à chaque instant on constate leur insuffisance, puisque pour les agrandir on se voit forcé d'abattre des fontaines, ce grand motif d'ornementation publique, et qu'on ne sait plus où faire stationner les voitures de louage, mais on doit encore assister à leur suppression graduelle pour répondre économiquement à d'autres exigences publiques, et en consacrer l'emplacement à des halles. Ce fut le sort, il y a peu de temps, de la place Vivaux; c'est celui, en ce moment, des places de la Liberté et Dumarsais, ce sera peut-être demain celui d'autres emplacements publics, notamment du joli quinconce de la place de Rome, en faveur duquel tout le monde a réclamé, même quand il s'est agi d'y élever une salle de concert. Il est donc urgent, on le voit bien, de se préoccuper de tracer de vastes et belles places, dans les plans de rénovation de la ville, et jusque dans les quartiers qui nous paraissent les plus éloignés et qui ne tarderont sans doute pas à devénir très-populeux, ainsi : Belle-de-Mai, Arenc, les Chartreux, la Capelette ; après viendra sans doute l'importante question des halles, qui, comprise dans tout son ensemble, se réalisera graduellement, ce qui nous permettra de dégager plusieurs de nos places et de conserver celles qui sont menacées dans leur existence. Lyon, Montpellier, et d'autres villes de France ont mis au nombre de leurs grandes entreprises l'établissement de magnifiques halles, bien aérées, admirablement disposées, et pourvues d'une eau abondante. Mais avant de quitter ce sujet, nous devons proclamer que de radicales et intelligentes améliorations ont eu lieu, ces derniers temps et grâces à des ordres prompts et énergiques, à cette partie importante du service public. Nos marchés ont été embellis, le gaz les éclaire et l'eau les tient dans un état de propreté complète. C'était en effet bien temps.

Telle est la destinée de Marseille, que chaque jour voit grandir ses besoins et se multiplier les projets qui doivent les satisfaire. A vrai dire, il n'y a là rien de surprenant, puisqu'au siècle dernier, et lorsqu'il s'agit de jeter à bas les vieux remparts et d'agrandir la ville, rues, places publiques, édifices religieux, tout, en un mot, fut établi pour une ville de 100,000 âmes, et voilà que depuis lors notre population a triplé.

Et que ne verrons-nous pas s'accomplir d'ici à quelques années, s'il nous est donné de poursuivre sans troubles et sans révolutions le cours de cette période de prospérité si heureusement inaugurée sous la restauration. Déjà une enquête est ouverte, à partir du 6 de ce mois, au sujet d'une nouvelle et considérable extension de nos ports vers Arenc et l'Attaque. Il n'est donc pas trop déplacé de formuler ici un vœu que nous ne croyons pas sans utilité, et dont la réalisation serait capable de garantir un grand nombre d'intérêts qui ne tarderont pas à être en souffrance (1).

Par la force des choses, l'ancien port doit rester comme le pivot, comme la base de toutes les opérations maritimes, et nous nous demandons si les agrandissements que l'on va chercher à plusieurs lieues sur nos côtes, ne pourraient pas se réaliser, en partie du moins, à la sortie même du vieux port et sur les surfaces d'eau que l'on a sous la main. Nous n'avons pas les connaissances nécessaires pour élever une voix compétente, à propos de cette question; mais, à première vue, il nous semble que ce seraient deux entreprises dignes de fixer la sollicitude de l'autorité supérieure : 1° de convertir l'avant-port de la Joliette en port; 2° de créer également un vaste bassin aux Catalans.

Celui-ci devrait être établi non pas sous les rochers à pic d'Endoume, mais à l'anse même de ce nom, où il y a autre chose à faire qu'un établissement de bains, et comme un jour les forts Saint-Nicolas et Saint-Jean, complétement inutiles pour la défense de la ville, finiront par disparaître pour livrer leurs vastes emplacements au

(1) L'insuccès complet des enchères des 22 lots du plan Fourniguier, qui ont eu lieu le 23 décembre dernier, montrent bien que ces appréhensions ne sont pas sans fondement. L'équilibre tend évidemment à être détruit, et il importerait donc de le maintenir sagement.

(Note des Editeurs).

commerce, à l'industrie et à la construction, ce jour-là, un canal de jonction entre le vieux port et le port des Catalans rendrait, entre ces deux bassins, les mouvements du commerce très-faciles et très-prompts. Quant à l'avant-port de la Joliette, aujourd'hui à l'état de rade, et que l'on pourrait bien facilement transformer en un bassin aussi sûr que celui de la Joliette, il servirait de trait-d'union entre le vieux port et la Joliette. Et quel avantage, quelle commodité pour le commerce que ces trois ports qui se suivraient de la sorte et qui, pour ainsi dire, n'en formeraient qu'un !

En portant, au contraire, l'agrandissement exclusif de nos bassins après les docks et la gare maritime, il arrivera qu'outre la grande distance qu'il faudra parcourir pour s'y rendre, ces vastes et magnifiques constructions se trouveront là comme un obstacle et comme une solution de continuité. Ce sont donc ces immenses établissements qui devront, avec la prospérité du commerce et l'extension de l'industrie, prendre possession, ainsi que les bassins de radoub et les chantiers de construction, des ports d'Arenc et de l'Attaque. Mais répétons encore une fois ici et n'oublions pas que c'est au vieux port, le Lacydon des Phocéens, que Marseille doit son existence et sa prospérité de vingt-quatre siècles ; que ce serait lui qui permettrait à notre ville de se relever de ses revers, si d'épouvantables tempêtes, comme il s'en est vu sur tant de plages, venaient détruire nos jetées et nos digues ; que ce serait lui qui, en cas de guerre maritime, offrirait à la plupart de nos navires un abri bien plus sûr que celui que leur présentent nos autres bassins étalés sur nos côtes. N'oublions pas cela, et s'il se présentait encore quelques faiseurs de plans étrangers, fussent-ils soutenus par de hauts patronages, pour combler ce vieux port qui leur paraît si misérable et de si peu de valeur, levons-nous comme un seul homme, pour protester et empêcher ce crime et cette folie. Oui, gardons-nous de détruire ce que la Providence nous a donné comme une source éternelle de richesse, et ne soyons pas assez fous pour tuer la poule aux œufs d'or.

Il est temps de finir ; le lecteur bienveillant et attentif qui nous aura suivi dans toutes nos pérégrinations et qui se sera arrêté avec nous, dans le cours de ce livre, au développement de tant de projets, pourra bien reconnaître que nous n'avons jamais entendu être le partisan d'entreprises aventureuses et inconséquentes. En effet, lorsque, cédant à de précieux encouragements, nous réunîmes comme en faisceau et nous présentâmes à nos concitoyens, au début de l'année 1858, les idées et les réflexions d'un jeune, mais sincère patriotisme, nous demandâmes en même temps, pour tous ces projets, l'établissement d'un plan d'ensemble qui n'existait pas, puisque le programme de M. Honnorat, maire de Marseille, programme qui ouvrit tout-à-coup une ère nouvelle, ne parut qu'à la fin de cette même année, et nous demandâmes également une exécution graduelle et périodique.

Malheureusement, depuis lors, outre le temps perdu se dressent de graves difficultés. Espérons que de louables et intelligents efforts ne seront pas perdus pour le bien et l'embellissement de la cité et que les circonstances favoriseront bientôt la réalisation de tous ces projets si utiles à l'avenir de Marseille.

Marseille, décembre 1861.

Coup-d'œil sur l'Histoire de Marseille.

Le peuple de Marseille, joint à un cœur excellent et expansif, un instinct réel pour tout ce qui est beau et grand. Ce n'est pas lui qui approuve les plans bâtards et écourtés ; les idées grandes, généreuses lui sont, au contraire, sympathiques, et il y aurait bien peu à faire pour l'amener au culte passionné des arts. Il est surtout essentiellement patriote ; le sol sur lequel il est né et qu'il foule chaque jour lui est particulièrement cher ; il raffole des blancs rochers et des pins au sombre feuillage, de ses bastides ; il se plaît à contempler la mer profonde et à entendre le bruit des vagues ; il vénère aussi les gloires de son pays, il aime ceux de ses enfants qui lui font honneur, et ce qu'il connaît de l'histoire de sa ville chérie lui donne des mouvements de fierté et de patriotisme.

C'est par lui, paraît-il et nous a-t-il été assuré, que fut accueillie, avec faveur et empressement, l'idée d'adjoindre à notre Musée une galerie historique qui déroulerait à nos yeux les annales de Marseille. Il y a là pour nous un encouragement précieux et nous venons ici rendre cette idée saisissante.

Peu de villes ont pris, plus que la nôtre, une large part à de grands événements, et il n'en est peut-être pas, en

France, qui aient eu, pendant de longues périodes, une vie plus distincte, une existence plus indépendante.

Nous allons feuilleter quelques pages de cette brillante et intéressante histoire, sans apporter à notre travail la moindre prétention d'érudition, et uniquement pour donner un aperçu de l'attrait que ne manquerait pas d'offrir une création de ce genre.

Chaque fait, chaque événement, contenu en quelques lignes dans un court paragraphe, pourrait fournir la matière d'un tableau.

§ Ier.

La fondation de Marseille, par les Phocéens, eut lieu l'an de Rome 154, la quinzième année du règne de Tarquin-l'Ancien, et 599 ans avant l'ère chrétienne. Rien n'est plus poétique que les détails que nous donnent, à ce sujet, les auteurs anciens : Des étrangers, venus d'Orient, abordent en Gaule. Avant de s'y fixer, Protis, leur chef, va rechercher l'amitié de Nannus, roi des Saliens. Gyptis, fille de Nannus, présente au jeune Grec une coupe remplie d'eau ; c'était le choisir pour son époux, et ainsi se fait l'alliance de la barbarie et de la civilisation. Marseille répand, en effet, les germes précieux de la civilisation sur le sol fécond de la Gaule. Elle y apporte des lois d'une grande sagesse, des mœurs d'une aménité parfaite ; elle y introduit la vigne, l'olivier, les fruits de l'Asie et de la Grèce, et son commerce va bientôt atteindre les nations Celtiques les plus éloignées.

§ II.

Comanus fils et successeur de Nannus, inquiet des progrès de la colonie naissante et jaloux de sa prospérité, en médite la destruction. Pour mieux arriver à ses fins, il a recours à la ruse. Le jour de la fête de Flore, un grand nombre de Salyens se rendent à Marseille pour prendre part aux réjouissances publiques ; d'autres s'y introduisent cachés dans des charriots couverts de feuillage. Comanus, avec une partie de son armée, attend dans les forêts voisines le moment qui doit lui ouvrir les portes de la ville. Mais ses desseins sont dévoilés par une jeune Ligurienne, sa parente, qui les confie à un jeune Grec qu'elle aime et qu'elle veut sauver du massacre général. Celui-ci court en avertir les magistrats. Aussitôt les guerriers salyens qui avaient pénétré dans la ville sont massacrés, et Comanus, attaqué à l'improviste, périt, après une lutte acharnée, ainsi que 7,000 des siens.

§ II .

Peu après, une ligue de peuples voisins se forme contre Marseille. Bellovèse, à la tête d'une armée formidable, traversait en ce moment la Gaule, marchant à la conquête de l'Italie. Les Marseillais lui envoient des députés, sollicitent son secours, et, grâce à ce redoutable allié, leurs ennemis sont anéantis et ils parviennent à jouir d'une parfaite tranquillité.

§ IV.

L'an 543 avant J.-C., Harpagus, lieutenant de Cyrus, vient mettre le siége devant Phocée. Un grand nombre d'habitants, plutôt que de subir la domination étrangère, s'embarquent, emportant avec eux leurs richesses, et viennent se fixer à Marseille, où ils sont reçus avec de grands transports de joie.

§ V.

C'est alors que Marseille développe avec beaucoup d'habileté ses lois, ses institutions politiques; aussi son gouvernement est-il cité avec éloges par les auteurs de l'antiquité. Le pouvoir législatif était confié à six cents sénateurs ou timouques, présidés par quinze d'entre eux, et le pouvoir exécutif à trois magistrats. En même temps, le Lacydon, qui était un bassin intérieur, est réuni à la mer et devient le port; le commerce s'étend; la citadelle, les temples d'Apollon Delphien et de Diane d'Ephèse se construisent, et l'on frappe, à Marseille, des monnaies qui ne le cèdent en rien aux plus belles de la Grèce et de Rome.

§ VI.

Marseille fonde des colonies pour le besoin de son commerce; telles sont, dans la Gaule: Nice, Antibes, La Ciotat, Agde. etc.; sur les côtes de l'Espagne: Rose, Ampurias, Denia; dans l'intérieur de la Gaule, elle établit des comptoirs, notamment à Saint-Rémy, Avignon, Arles, Nîmes, Béziers, où pénètre la langue grecque que les Romains trouvèrent en usage dans toutes ces villes.

§ VII.

Pythéas et Euthymènes, de Marseille, furent, dans l'antiquité, de savants géographes et de grands astronomes. Le premier surtout se rendit célèbre par la construction d'un gnomon, d'après lequel il fixa, d'une manière reconnue depuis très-exacte, la latitude de Marseille. Tous deux furent encore de hardis navigateurs. C'est sous leurs ordres, et aux frais de la République, que furent accomplis des voyages célèbres. Pythéas, après avoir franchi les Colonnes-d'Hercule, remonta vers le Nord, découvrit l'île de Thulé ou l'Islande et reconnut la Baltique; Euthymènes longea les côtes d'Afrique, franchit l'équateur, s'arrêta à l'embouchure du Sénégal et l'on pense même qu'il dut aller jusqu'au cap de Bonne-Espérance.

§ VIII.

Dans ses plus grands jours de prospérité, Marseille eut à lutter contre Carthage, envieuse de l'extension de son commerce et qui, en pleine paix, lui captura plusieurs barques de pêcheurs, et elle en fut victorieuse à diverses reprises. Ce fait, qui peut paraître invraisemblable, nous est certifié par plusieurs auteurs anciens, et Strabon raconte que l'on voyait encore de son temps, à Marseille, dans la citadelle et le temple de Diane, des dépouilles provenant de ces batailles navales.

§ IX.

Marseille devait donc être l'alliée naturelle de Rome pour voir la chute de Carthage et trouver un appui contre les peuples barbares, ses voisins. Ce fut elle qui avertit le sénat romain qu'Annibal venait de franchir les Pyrénées, et qui parvint à exciter contre le grand capitaine la fierté et le courage des Gaulois. Deux de ses galères furent encore reconnaître les mouvements de la flotte Carthaginoise sur les côtes de l'Espagne.

§ X.

Auparavant, ayant appris, par ses députés qui étaient allé porter des présents au temple de Delphes, que les

Gaulois entouraient le Capitole et demandaient des sommes énormes pour lever le siége, elle renvoie ces mêmes députés à Rome avec tout l'argent du trésor. A leur arrivée, Camille venait de chasser les Gaulois ; mais Rome reconnaissante ne tarda pas à décerner à Marseille le titre de sœur de Rome, à donner à ses sénateurs le droit de s'asseoir, dans les solennités publiques, à côté des sénateurs Romains et à ouvrir à ses vaisseaux tous les ports de la République avec exemption de tous les droits.

§ XI.

Les Décéates et les Oxybiens attaquent Nice et Antibes, colonies marseillaises. Rome envoie le consul Quintus Opimius au secours de son alliée. Les barbares sont vaincus et obligés d'envoyer des otages à Marseille, qui s'agrandit de toutes les terres conquises.

§ XII.

Une nouvelle ligue, suscitée par les Salyens, s'était formée contre Marseille. Le consul Caïus Sextius Calvinus, le fondateur d'Aix, arrive dans les Gaules et détruit cette ligue. Bientôt après, la puissante nation des Arvernes, ayant pour roi Bituitus, engage une guerre contre Marseille et Rome. L'armée romaine, sous les ordres de Q. Fabius Maximus, bat l'armée ennemie et lui tue 120,000 hommes, s'il faut en croire les auteurs de l'antiquité.

§ XIII.

D'après le décret terrible du sénat romain, Phocée devait être détruite, ainsi que les autres cités d'Ionie qui avaient pris les armes contre Rome. A cette nouvelle,

Marseille envoie des ambassadeurs à Rome pour implorer la clémence du peuple et du sénat, et obtient le salut de sa fondatrice (127 av. J.-C.).

§ XIV.

Tout tremblait sur le passage des Cimbres et des Teutons, quand Marius prit, dans les Gaules, le commandement des forces romaines, anéantit l'armée des Teutons à Pourrières et va en Italie vaincre les Cimbres. Marseille fut sauvée, mais elle concourut de tous ses efforts à la victoire de Marius; elle lui envoya des troupes auxiliaires et des secours de toute sorte. Elle reçut du vainqueur le canal des fosses Mariannes, qu'il avait fait creuser par ses troupes pour les aguerrir, et elle l'utilisa pour ses opérations commerciales.

§ XV.

Marseille, en attirant Rome dans la Gaule pour la défense de ses intérêts, avait servi aveuglément les desseins de la Providence, qui voulait assujétir tous les peuples à un seul empire, afin de faciliter la prédication de l'Evangile, mais elle ne devait pas tarder à subir le sort commun. Ayant embrassé la cause de Pompée contre César, elle eut à soutenir un siége fameux dans l'histoire. Ses galères, lâchement abandonnées dans le combat, par la flotte de Nasidius, lieutenant de Pompée, furent défaites par la flotte ennemie, et elle dut se rendre après une lutte où elle déploya une opiniâtre énergie et dans laquelle plusieurs de ses enfants s'illustrèrent par des actes du plus grand courage.

§ XVI.

César, tout en plaçant des troupes romaines dans la citadelle, laissa cependant à Marseille son autonomie, ses institutions, ses lois. Jusqu'à ce jour, Marseille avait vu son commerce s'accroître successivement par la chute de Tyr, de Carthage, d'Athènes, de Corinthe et ne partageait plus qu'avec Alexandrie le sceptre des mers, mais elle acquiert maintenant une nouvelle célébrité par l'éclat de ses Ecoles. Les jeunes patriciens romains y affluent, Gallus, l'ami de Virgile, Pétrone, Trogue-Pompée, Agricola, beau-père de Tacite, etc., y puisent le goût des belles-lettres et des arts. Ainsi, Marseille, qui, en sa qualité de fille de Phocée, avait réuni les poèmes d'Homère dans une édition célèbre, connue sous le nom de *Massaliotique*, reçoit, des plus grands écrivains de l'antiquité, les titres de l'Athènes des Gaules et de Maîtresse des Ecoles.

§ XVII.

Plusieurs rhéteurs et médecins renommés sortent des Ecoles de Marseille. Un de ces derniers a conquis des droits impérissables à notre reconnaissance. Crinas, né à Marseille, se rend à Rome, sous le règne de Néron, pour y enseigner et pratiquer la médecine. Il y amasse une immense fortune qu'il lègue à sa patrie pour en relever les murailles.

§ XVIII.

Le christianisme se répand à Marseille et y prend de profondes racines; il pénètre jusque dans la citadelle.

Victor, qui y exerçait un commandement, subit le martyre, d'après les ordres de Maximien-Hercule, en ce moment à Marseille, ainsi que les trois soldats commis à sa garde et qui se déclarent subitement pour la foi nouvelle.

§ XIX.

Maximien-Hercule, poursuivi par Constantin, qui, après une victoire éclatante, allait faire triompher la croix dans tout l'empire romain, se réfugie à Marseille. Cette ville était au moment de subir un assaut, quand ses habitants ouvrirent une porte à Constantin. Maximien-Hercule fut pris et se donna la mort peu de temps après.

§ XX.

Au commencement du VIe siècle, saint Cassien fonde à Marseille l'abbaye de Saint-Victor, la plus ancienne et une des plus célèbres de France et dont le nom se retrouve désormais à chaque page de l'histoire de Marseille.

§ XXI.

Les Wisigoths se présentent devant Marseille en 413; mais, après plusieurs attaques infructueuses, ils en lèvent le siége. La ville était alors sous le commandement du comte Boniface.

§ XXII.

A la chute de l'empire romain, après avoir passé successivement sous la domination des Wisigoths, des Bourguignons, des Ostrogoths, mais en jouissant des plus grandes libertés municipales, Marseille arrive sous le pouvoir des rois francs et devient la capitale de la province marseillaise, comprenant son diocèse et ceux d'Aix et d'Avignon.

§ XXIII.

L'année 586, une peste terrible vient ravager la province; deux ans après, le fléau reparaît et frappe plus particulièrement sur Marseille.

§ XXIV.

Durant la période des invasions sarrazines, Marseille fut prise et ruinée, ses monuments et ses églises furent la proie des flammes, l'abbaye de Saint-Victor fut dévastée et à moitié démolie, la ville entière fut enfin un théâtre de carnage et de désolation. Les religieuses du couvent de Saint-Sauveur, fondé par saint Cassien, avait pour abbesse Euzébie. Pour échapper à la lubricité des barbares, elles se lacérèrent le visage et se coupèrent le nez; les Sarrazins, en les voyant, les massacrèrent.

§ XXV.

Aucun événement saillant, pour l'histoire de Marseille, n'est signalé sous la race des Carlovingiens et sous Boson, qui se fit nommer, en 879, roi de Provence, par une assemblée d'évêques et de seigneurs. Mais, sous les successeurs de ce prince, Marseille se divise en deux villes : la ville haute, sous la juridiction de l'évêque, et la ville basse, sous la suzeraineté du gouverneur ou vicomte devenu indépendant.

§ XXVI.

Les croisades viennent donner un grand élan aux opérations maritimes des Marseillais; ils prennent une part très-active à ces guerres lointaines; ils fournissent des vaisseaux, des provisions, des armes, que l'on se met à fabriquer à Marseille en grande quantité. Aussi, en récompense de si nombreux et si grands services, leur est-il accordé, dans le royaume de Jérusalem et dans les di-divers Etats que les chrétiens fondent en Orient, de précieuses franchises et des priviléges considérables.

§ XXVII.

Baudoin III, roi de Jérusalem, que les Marseillais secoururent efficacement par terre et par mer, leur donne, par lettres patentes, à Jérusalem, à Saint-Jean-d'Acre et dans toutes les villes maritimes qui lui étaient soumises, une église, un four et une rue. On s'accorde généralement à reconnaître là l'origine des quartiers francs dans les Echelles du Levant. Quant à l'établissement des consuls en pays étranger, c'est à Marseille qu'en revient la gloire. Ce fut elle qui, la première, envoya en Orient et à la même époque des consuls pour protéger son commerce et ses nationaux. Les fonctions importantes de consul, n'étaient confiées qu'aux citoyens les plus recommandables.

§ XXVIII.

Une flotte quitte Marseille en 1190, emportant en Palestine une armée de 10,000 hommes, qui avait parmi ses chefs les comtes de Dreux, de Chartres, de Clermont, de

Brienne. Elle arrive en trente-cinq jours devant la rade de Ptolémaïs. Peu de temps après, le duc de Gueldres s'embarque à Marseille avec une armée composée d'Allemands et de Catalans. Plusieurs Marseillais s'illustrèrent au siége de Saint-Jean-d'Acre, quand cette ville fut reprise à l'arrivée de Philippe-Auguste et de Richard-cœur-de-Lion. L'histoire nous a conservé leurs noms.

§ XXIX.

Jean de Matha, gentilhomme provençal, fondateur de l'ordre des Trinitaires pour le rachat des esclaves, fonde, à Marseille, en 1202, la première maison de son institut. On sait les bienfaits immenses de cette œuvre admirable; Jusqu'en 1787, des sommes fabuleuses, recueillies dans toute l'Europe par les religieux Trinitaires, au prix des plus grandes fatigues, leur permirent de délivrer, des mains des Musulmans, neuf cent mille captifs chrétiens.

§ XXX.

En participant aussi largement au mouvement des croisades, Marseille vit son importance s'accroître chaque jour; ses navires parcouraient librement les mers, elle possédait des terres en pays étrangers, elle avait son trésor dont elle disposait, et elle jouissait de fait de la plus entière indépendance. L'autorité de ses vicomtes n'était plus que nominale; elle s'en affranchit, en 1214, à la suite d'une légère émeute populaire et en payant à ses anciens suzerains une somme d'argent. Dès lors, elle s'érigea en république, ayant à sa tête un podestat, choisi parmi les étrangers et dont le pouvoir annuel était secondé par un viguier et trois syndics. Les finances de la

République étaient confiées à trois trésoriers ou clavaires, et les fonctions de secrétaires d'État étaient remplies par trois archivaires. Une commission de six officiers administrait l'état militaire et maritime de la République et avait la direction de l'arsenal. Enfin, un grand conseil, composé de quatre-vingt-neuf membres, que l'on élisait aussi chaque année, surveillait le podestat et les autres fonctionnaires et avait le pouvoir de les destituer en cas de mauvaise administration. Marseille choisit le pavillon blanc à la croix bleue; elle eut aussi une oriflamme, suivant l'usage de l'époque, qui était de soie rouge, découpé en panonceaux, au centre duquel on voyait saint Victor à cheval terrassant le dragon, et que l'on déposait dans l'abbaye de Saint-Victor.

§ XXXI.

Marseille signe des traités d'alliance avec Hugues, comte d'Ampurias, qui lui adresse une ambassade; avec Nice; avec Jacques Ier, roi d'Aragon, qui lui donne, dans la capitale de l'île de Mayorque, trois cents maisons, une mosquée, trente-neuf fabriques, etc., pour l'avoir puissamment aidé à en chasser les Maures, par l'envoi d'une flotte nombreuse et de puissantes troupes (1229); avec Gênes (1230); avec Raymond, comte de Toulouse; puis avec Raymond Bérenger, comte de Provence, qui fait avec elle une ligue offensive et défensive. — La ville haute était toujours sous la juridiction de l'évêque.

§ XXXII.

En 1237, Raymond Bérenger vient tout à coup et en pleine paix mettre le siége devant Marseille mais, après trois mois, il est contraint de le lever. La guerre dure pendant quelque temps encore entre le comte de Provence et les Marseillais, qui sont secourus par leur allié, le comte de Toulouse, et elle se termine, en 1242, par un traité de paix conclu et signé à Tarascon.

§ XXXIII.

Le 3 juin 1239, une armée nombreuse de croisés s'embarque à Marseille. Thibault, roi de Navarre et comte de Champagne, les ducs de Bourgogne et de Bretagne, les comtes de Bar, de Mâcon, de Nevers la commandent. L'évêque de Marseille, Benoît d'Alignano, qui s'était joint à eux, revient un an après, ayant vu l'issue fâcheuse de cette croisade, mais après avoir fait reconstruire la forteresse de Saphet.

§ XXXIV.

Charles d'Anjou, devenu comte de Provence par son mariage avec Béatrix, fille et héritière de Raymond Bérenger, se présente devant Marseille en 1252 et en 1257; la première fois il en est repoussé après un siége de sept mois; mais en 1257 les Marseillais consentent à accepter de lui les chapitres de paix qui mettent fin à leur république. Marseille fait désormais partie du comté de Provence, mais en jouissant des plus larges franchises municipales. A la même époque, l'évêque Benoît d'Alignano cède, à Charles Ier, la ville haute en échange de plusieurs fiefs situés en Provence.

§ XXXV.

Charles Ier rassemble une flotte et une armée considérables à Marseille et en part le 15 mai 1265 pour aller à la conquête du royaume de Naples. Les Marseillais, attachés désormais à la cause de la maison d'Anjou, ne cessèrent jamais de donner à Charles Ier des secours efficaces que ce prince se plut à reconnaître par des lettres patentes.

§ XXXVI.

Charles II, fait prisonnier par Pierre, roi d'Aragon, succède à son père. Rendu à la liberté à la condition de donner en otage trois de ses fils et quatre-vingts seigneurs ou notables de la Provence, parmi lesquels se trouvent vingt Marseillais, ce prince fait son entrée à Marseille le 2 décembre 1288, au milieu de l'enthousiasme général (1).

(1) A chaque instant se succèdent, à Marseille les princes de la maison d'Anjou.

En 1319, c'est Robert, successeur de Charles II, avec la reine son épouse et Sanche, roi d'Aragon. Robert visite le tombeau de saint Louis, évêque de Toulouse, son frère, enseveli dans l'église du couvent des frères Mineurs. La reine Jeanne vient à plusieurs reprises s'embarquer pour Naples. Louis II, Louis III, le roi René, Charles III y viennent aussi et jurent le maintien des chapitres de paix.

Il en fut de même quand la Provence fut réunie à la France. François Ier, en 1516, Charles IX, en 1564, Louis XIII, en 1622, jurèrent, avant de rentrer dans la ville, l'observation des chapitres de paix et des franchises municipales.

François Ier était accompagné de la reine mère, Louise de Savoie, de la reine épouse, de la duchesse d'Alençon, sa sœur, et d'une cour brillante. — Charles IX avait auprès de lui sa mère, Catherine de Médicis, son frère, le duc d'Anjou et le jeune Henri de Bourbon, prince de Béarn, âgé de onze ans. — Louis XIII était

§ XXXVII.

La ville haute et la ville basse, qui avaient conservé, malgré leur réunion au comté de Provence, une administration séparée, obéissent aux mêmes magistrats, d'après les ordonnances de la reine Jeanne.

§ XXXVIII.

La peste, surnommée la *peste noire*, sévit dans tout le midi de la France avec tant de force, que Narbonne perd trente mille habitants et qu'à Montpellier deux consuls seulement sur douze sont épargnés. A Marseille, tout commerce est suspendu, les maisons se ferment et de nombreuses victimes périssent. C'était en l'année 1347.

§ XXXIX.

Le pape Urbain V, ancien abbé de Saint-Victor, vient à Marseille, en 1367. On lui fait de grandes fêtes. Le souverain Pontife loge à l'abbaye de Saint-Victor et verse des larmes d'attendrissement en y rentrant. Quand il quitte Marseille, pour se rendre à Gênes, il est accompagné d'une flotte de vingt-trois galères.

suivi du duc de Montmorency, du comte de Schomberg et d'une suite nombreuse.

Sur ces visites royales, aucune *Histoire de Marseille* n'est riche de curieux détails et de descriptions intéressantes comme celle de M. Augustin Fabre.

§ XL.

Marseille, qui n'avait cessé de donner à la reine Jeanne les marques d'un dévoûment à toute épreuve et qui, dans toutes les expéditions, avait armé des navires pour soutenir sa cause, équipe encore une flotte de dix galères lorsqu'elle apprend que cette reine infortunée est prisonnière de Charles de Duras.

§ XLI.

Sous le règne de la reine Jeanne, Marseille est agitée par deux mouvements populaires, parce qu'elle se voit menacée dans ses libertés (1); libertés si grandes, qu'elle pouvait traiter de puissance à puissance avec Gênes, Pise, Florence. Satisfaite des concessions qui lui sont faites, elle arme un puissant corps d'armée et donne encore un secours efficace à la cause de la reine, au milieu des dévastations d'Arnaud de Servole et des troubles suscités par l'ambition de la maison des Baux.

§ XLII.

Marseille envoie des ambassadeurs à Charles VI, roi de France, pour le prier de mettre un terme aux désordres de la Provence et aux dévastations qu'y cause Raymond de Turenne à la tête d'une bande armée. Le roi de France mande en Provence le maréchal de Boucicaut, qui

(1) Ce serait une curieuse étude à faire que de montrer l'attachement des Marseillais pour leurs institutions municipales, à toutes les époques, et leur ardeur à les défendre à de si nombreuses reprises.

y rétablit la paix, mais avec beaucoup de peine et après quelques années. Louis II, comte de Provence, était alors enfant et avait à lutter, sous la régence de Marie de Blois, soit en Provence, soit à Naples contre la maison de Duras.

§ XLIII.

Alphonse V, roi d'Aragon et compétiteur de Louis III d'Anjou au trône de Naples, paraît subitement, en 1423, devant Marseille, qui lui avait capturé deux galères. Sa flotte attaque la ville, qui résiste énergiquement ; cependant, des soldats aragonais trouvent un passage libre, et Marseille tombe au pouvoir d'Alphonse V, qui la livre au pillage : quatre cents maisons sont brûlées ; mais, à l'approche des populations voisines qui marchent au secours de la ville, l'ennemi s'embarque, emportant de très-grandes richesses et les reliques de saint Louis, évêque de Toulouse. — L'abbaye de Saint-Victor, défendue par les moines, résista à toutes les attaques de l'armée aragonaise.

§ XLIV.

Quelques années suffirent pour relever Marseille d'un si grand revers. Sa marine se rendit bientôt à tel point redoutable aux Aragonais et aux Catalans, que ceux-ci rassemblèrent toutes leurs forces pour surprendre une nouvelle fois la ville. A la suite de cette expédition, qui ne leur fut pas heureuse, une trêve de quatre ans fut signée le 5 juin 1431 dans l'abbaye de Saint-Victor, entre le vicomte de Reillane, gouverneur du comté de Provence, et les chefs de l'armée Catalane.

§ XLV.

Le roi René vient à Marseille, pour la première fois, le 15 décembre 1437. Il y fait une entrée triomphale, y reste plusieurs mois et loge à l'abbaye de Saint-Victor, où il reçoit, en grande pompe, les ambassadeurs du pape Eugène IV et de la république de Gênes.— On sait qu'après une suite de succès et de revers, ce bon prince renonça à la conquête du royaume de Naples et se fixa en Provence, s'y livrant à la culture des belles-lettres et des arts, et tout occupé de faire prospérer l'agriculture et le commerce. Pendant les dernières années de sa vie, il vint passer tous les hivers à Marseille, aimant à se promener sur les quais du port, au milieu du peuple, recevant là ses sujets, causant avec les patrons pêcheurs, caressant les enfants. Le deuil fut général, à Marseille, quand on y apprit sa mort.

§ XLVI.

Charles III, neveu du roi René et son successeur, meurt à Marseille, le 11 décembre 1481, et lègue à Louis XI et à ses successeurs, par son testament fait la veille en présence des consuls de la ville, la Provence et tous ses États, avec prière de leur conserver leurs lois, priviléges et libertés.

§ XLVII.

Palamède de Forbin, nommé, par Louis XI, gouverneur et lieutenant général du comté de Provence, arrive à Marseille le 19 janvier 1482. Reçu avec les honneurs dus aux souverains, il prend acte du serment de fidélité des consuls au roi de France et jure l'observation des chapitres de paix et le maintien de tous les priviléges de la ville.

§ XLVIII.

Un de ces priviléges les plus précieux était le privilége de *non extrahendo*, en vertu duquel tout habitant de Marseille dépendait exclusivement des tribunaux de cette ville. Le Parlement de Provence voulut y porter atteinte, mais Louis XII le confirma par lettres patentes datées de Blois (12 avril 1503).

§ XLIX.

Le connétable de France, Charles de Bourbon, qui s'était couvert de gloire à Marignan, trahit son pays et se donne à Charles-Quint. A la tête d'une armée nombreuse, composée principalement de troupes espagnoles, il entre en Provence, en fait la conquête et se dirige vers Marseille, où tout se prépare pour la résistance. Antoine de Glandevès y exerçait alors la charge de viguier ; les consuls étaient Pierre Vento, Pierre Comte et Mathieu Lause. Tous les habitants en état de porter les armes forment une milice de neuf mille hommes, commandée par Carlin Blanc, Charles de Monteoux, Cosme Arnaud et Julien Beissan, capitaines de quartier. De son côté, François Ier envoie dans la place le baron Rance de Cères, le seigneur de Brion, l'habile ingénieur Miradel et quatre mille hommes de troupes réglées. Le baron Rance de Cères est nommé gouverneur, et Miradel fait raser tous les édifices et toutes les constructions qui se trouvent en dehors des remparts et qui pouvaient servir d'abri à l'ennemi. Celui-ci se présente devant Marseille le 19 août

1524 et en commence aussitôt le siége. La défense fut des plus vigoureuses. Les impériaux, à l'aide de leur formidable artillerie, font une brêche aux remparts; mais, quand ils s'élancent à l'assaut, ils trouvent un mur intérieur de terre, tout couvert de canons, qu'avaient élevé les Marseillaises et qui prit le nom de *Tranchée des Dames*. Dans l'assaut terrible du 24 septembre, on vit ces femmes courageuses accourir en armes sur les remparts et combattre avec une intrépide valeur. Le connétable, abattu et découragé, leva le siége trois jours après et fut poursuivi et harcelé, jusqu'à la frontière, par les paysans provençaux, qui s'étaient armés en masse à son approche.

§ L.

Le pape Clément VII et François Ier ont une entrevue solennelle à Marseille. Il y eut, pendant leur séjour, de magnifiques fêtes. François Ier y arriva le premier, le 8 octobre 1533, accompagné de la reine épouse et de ses trois fils. Clément VII, ayant avec lui une partie du sacré collége et toute sa cour, débarqua le 11 du même mois. Une flotte d'honneur de dix-huit galères et de six vaisseaux l'avait escorté. Le 23, Catherine de Médicis, nièce du souverain Pontife, qui allait épouser le dauphin de France, fit son entrée dans la ville. Le mariage se fit le 28; il fut entouré d'une très-grande pompe et béni par le pape lui-même, qui partit de Marseille, sur la galère du grand-maître de France, le 20 novembre, suivi par une flotte de vingt-deux galères. Avant de quitter la ville, il l'avait solennellement bénie.

§ LI.

La lutte s'étant de nouveau engagée entre Charles-Quint et François Ier pour la possession du Milanais.

Charles-Quint envahit la Provence ; il envoie contre Marseille le comte de Horn et le duc d'Albe, ayant sous leurs ordres un corps de douze mille hommes. Cette troupe fut taillée en pièces par un fort détachement sorti de la ville et surtout par le feu d'une escadre de galères qui avait quitté le port et qui s'était mise en embuscade derrière les hauteurs d'Arenc, à peu de distance de la route. Peu de temps après (1536), l'approche de François Ier et de son armée et le soulèvement des paysans forcèrent l'empereur à quitter subitement la Provence avec une armée réduite à vingt-cinq mille hommes. — François Ier ne tarda pas, après la trêve conclue à Nice, à se rendre à Marseille pour remercier cette ville de sa belle défense. Il s'y trouvait encore, quand il apprit que le mistral avait jeté son rival, qui se rendait en Espagne, dans le port d'Aigues-Mortes. A cette nouvelle, le roi de France monte dans une barque, se rend à Aigues-Mortes, arrive à bord du navire qui portait l'empereur et lui offre l'hospitalité à Marseille, où de grandes fêtes eurent lieu en l'honneur des deux souverains.

§ LII.

Parmi les nombreuses pestes qui désolèrent la Provence et Marseille jusqu'en 1720, celle de 1580 fit d'affreux ravages; aussi fut-elle surnommée la grande peste.

§ LIII.

Pendant les troubles de la Ligue, Louis de la Motte Dariez, second consul, s'empare du pouvoir et l'exerce d'une façon arbitraire. L'évêque et bon nombre de citoyens notables se voient obligés de quitter Marseille. Dariez attire les galères de Toscane dans la rade. Mais au bout de plusieurs mois, une insurrection formidable, ayant pour chef François Bouquier, Marseillais d'une naissance illustre, éclata dans la ville. Dariez fut pris et livré au Parlement de Provence. Condamné à mort, il subit son arrêt le 13 avril 1585. Marseille rentra ainsi dans la cause royale, et Henri III, en apprenant cette nouvelle, écrivit au Conseil municipal une lettre pleine d'éloges et de bienveillance.

§ LIV.

A la faveur des dissensions de la guerre civile, Charles Casaulx, protégé par la comtesse de Sault et Charles-Emmanuel, duc de Savoie, se fait nommer premier consul en 1591. Louis d'Aix, une de ses créatures, est à son tour nommé viguier. Casaulx embrasse le parti de la ligue et tous durent alors obéir à son pouvoir dictatorial; il l'étendit sur Marseille durant plusieurs années. A l'approche de l'armée du duc de Guise, qui s'avançait sur Marseille, il conclut un traité avec le roi d'Espagne, qui lui expédia des troupes et une escadre de huit galères, sous les ordres de Charles Doria. Mais en même temps une conspiration se tramait dans la ville contre le premier consul. Libertat, capitaine de la porte Royale et comblé des faveurs de Casaulx, fut l'un des principaux conjurés. Le 17 février 1596, les troupes du duc de Guise vinrent attaquer la porte Royale. A cette nouvelle, Casaulx accourt pour repousser l'ennemi; mais, dès qu'il paraît, Libertat lui plonge son épée dans le corps. Aussitôt la garde du consul s'enfuit, la ville reconnaît Henri IV, les portes sont ouvertes et le duc de Guise est reçu au milieu des acclamations populaires, mais après avoir promis le maintien des franchises municipales. — L'amiral Charles

Doria, en voyant ces événements, s'empressa de quitter Marseille, et son escadre ne sortit du port qu'après avoir essuyé le feu de la tour Saint-Jean,— Henri IV, en recevant le courrier extraordinaire que lui envoya le duc de Guise, s'écria, dans un transport de joie : « C'est maintenant que je suis roi. »

§ LV.

Le 3 novembre 1600, Marie de Médicis, fille de François, grand-duc de Toscane, entre dans le port de Marseille, sur une galère resplendissante de dorures et de marqueteries, où se mêlaient l'ébène, la nacre, l'ivoire; la poupe était ornée de perles, de topazes et autres pierres précieuses, au milieu desquelles on voyait briller les armes de France et de Toscane, formées, les premières, de diamants, et les secondes, de cinq gros rubis, d'un saphir, d'une grosse perle et d'une superbe émeraude. Les rameurs avaient une robe d'écarlate, et leur bonnet était couvert de fleurs de lis d'or.—Henri de Savoie, duc de Nemours, le connétable de Montmorency, le duc de Guise, gouverneur de Provence, les cardinaux de Joyeuse, de Gondy, de Givry et de Sourdis, ainsi que la princesse Anne d'Este, Catherine de Clèves, mère du duc de Guise, Louise de Lorraine, les duchesses de Nemours, de Ventadour, etc., assistaient au débarquement de Marie de Médicis, déjà mariée à Henri IV, par procureur, à Florence, le 5 octobre. Les consuls de Marseille reçurent la reine sous un dais de brocart bleu à franges d'argent, et le premier consul, César de Village, lui présenta les clefs de la ville, qui étaient d'or. Une milice de huit cents bourgeois, pris parmi les notables de la ville, forma la garde d'honneur de la reine.

§ LVI.

A la nouvelle de l'assassinat de Henri IV, Marseille donna, à la mémoire de ce grand monarque, les témoignages les plus éclatants de regret. Louis XIII fut ensuite proclamé roi de France et de Navarre. Ce prince ne tarda pas à écrire aux Marseillais, ainsi que la reine mère, pour leur confirmer les chapitres de paix. — On sait que Louis XIII vint à Marseille en 1622 et que son séjour fut entouré de magnifiques fêtes.

§ LVII.

A plusieurs reprises, sous la minorité de Louis XIV, des mouvements insurrectionnels éclatèrent dans la ville de Marseille, jalouse de maintenir intactes ses anciennes libertés municipales. Celui de ses citoyens qui fut le plus ardent à soutenir cette cause, fut un gentilhomme nommé Gaspard de Glandevès-Nioselles. Dans une émeute, les ordres du roi furent méconnus, en 1659. Quelque temps après avoir accordé une amnistie et à la nouvelle de nouveaux désordres, Louis XIV ordonna au duc de Mercœur de marcher contre Marseille à la tête d'un corps de sept mille hommes; lui-même le suivit de près. Marseille n'opposa pas de résistance et ouvrit ses portes. Le duc de Mercœur fit pratiquer une brêche aux remparts, et ce fut par là que le roi fit son entrée dans la ville, accompagné de la reine mère, du duc d'Anjou, du cardinal Mazarin et d'une nombreuse suite (2 mars 1660). — Un édit rendu le 7 mars modifia l'administration municipale; les consuls furent remplacés par des échevins; le conseil de ville fut réduit à soixante-six membres; Marseille fut enfin privée de ses plus belles prérogatives, mais conserva encore cependant une assez large constitution municipale. En même temps une citadelle, qui prit le nom de fort Saint-Nicolas, fut construite à l'entrée du port, pour contenir la ville. Quatre ans après, le fort Saint-Jean s'éleva de l'autre côté du port et en face du fort Saint-Nicolas. — Nioselles et quatorze Marseillais, condamnés à mort, parvinrent à échapper à toutes les recherches et furent se réfugier à l'étranger.

§ LVIII.

Colbert fait publier, en 1669, l'édit qui déclare la franchise du port de Marseille et qui en fait l'entrepôt des soies importées du Levant, par mer.

§ LIX.

La peste, qui avait si souvent ravagé Marseille, va s'y déclarer avec une intensité jusqu'à ce jour inconnue. Ce fut le 25 mai 1720 que le *Grand-Saint-Antoine*, qui portait la peste à bord, arriva à Marseille. Peu après l'horrible fléau éclata et se répandit dans la ville et son territoire. Cinquante mille personnes y succombèrent, en quelques mois, sur une population de quatre-vingt-dix mille âmes. Citer les noms de monseigneur de Belsunce, des échevins Estelle, Moustier, Dieudé, Audimar, du chevalier Rose, du gouverneur-viguier, le marquis de Pilles, du commandeur Langeron, qui fut, dans ces jours de désolation, investi d'un pouvoir sans bornes, c'est rappeler à tous les esprits les traits les plus beaux et les plus héroïques du courage civil. Le 1er novembre, monseigneur de Belsunce consacra sa ville épiscopale au sacré-cœur de Jésus. Il dit, les pieds nus et la corde au cou, la messe sur un autel élevé au haut du cours qui porte aujourd'hui son nom ; les échevins, de leur côté, firent le vœu de la peste, que nous voyons se renouveler chaque année par le premier magistrat de la cité. A partir de ce moment, le fléau cessa graduellement. — Il faut ajouter ici que le Pape Clément XI, après avoir ordonné à Rome des prières publiques et des processions auxquelles il assista en personne, pour implorer, en faveur de Marseille, la miséricorde de Dieu, envoya, à cette malheureuse ville, des navires chargés de blé, qui furent respectés par les pirates; que plusieurs citoyens riches, de Marseille, consacrèrent toute leur fortune à des achats de blé, et que de courageux médecins vinrent de Paris, de Montpellier, s'enfermer dans la ville et y périr presque tous.— L'histoire nous garde précieusement leurs noms.

§ LX.

En 1777, MONSIEUR, comte de Provence, plus tard Louis XVIII et frère de Louis XVI, vient à Marseille. Il y est accueilli par un si grand enthousiasme, et la ville lui offre des fêtes si splendides, que le souvenir de cette visite et de tous ses détails s'est transmis jusqu'à nous.

§ LXI.

Quelques années plus tard, la France avait engagé contre l'Angleterre une lutte glorieuse et soutenait contre cette nation rivale l'indépendance de l'Amérique du Nord. Dans ces circonstances, la Chambre de commerce de Marseille propose d'offrir au roi un vaisseau à trois ponts de quatre-vingts canons. A cette proposition, la salle de la Bourse, où se tenait une convocation extraordinaire de négociants, retentit d'applaudissements (8 juin 1782), et l'on décide à l'unanimité que le vaisseau sera de cent-dix pièces de canon. Le roi Louis XVI fit appeler ce navire le *Commerce de Marseille*.

§ LXII.

L'année 1788 vit arriver les ambassadeurs du fameux prince indien Typpo-Saïb : ils furent reçus en grande pompe à Marseille et partirent pour Paris après quatre jours passés au milieu des fêtes.

La Révolution et les terribles événements qu'elle fit éclater nous arrêtent et il appartiendrait à une commission de signaler les faits qui, depuis cette époque de tourmente jusqu'à nos jours, pourraient être rappelés à l'attention du peuple. Deux écueils se dressent dans l'accomplissement de cette tâche : il s'agirait d'abord de savoir tenir compte des passions politiques, de ne pas les heurter, et il y aurait ensuite à ne pas se laisser influencer par des circonstances transitoires qui inciteraient à donner au moindre fait contemporain la valeur d'un grand événement.

Cette commission, composée d'hommes spéciaux et compétents, ferait partie de la commission générale des Beaux-Arts, que nous n'avons cessé de réclamer pour l'administration du Musée, et ce serait elle qui devrait choisir les sujets dignes de figurer dans notre galerie historique et qui en fixerait le nombre suivant l'étendue et le développement que l'on apporterait dans l'exécution de cette idée patriotique.

Quant à nous, nous avons préféré, à mesure que nous avancions dans notre travail, agrandir notre cadre, dans le but d'enchaîner facilement les faits les uns aux autres et de donner, de la sorte, au lecteur, une idée à peu près complète de l'histoire de Marseille.

Nous ne finirons pas cette étude sans protester contre la pensée, trop généralement admise, de disséminer les diverses collections, les divers établissements scientifiques ou artistiques de notre ville sur plusieurs points, dont quelques-uns fort éloignés.

Nos galeries et nos collections, il faut le reconnaître, sont pauvres et mesquines; il est donc nécessaire, pour les faire valoir, d'en former un tout, de les grouper et il importe, de plus, de les rendre facilement accessibles, de les mettre à la portée de tous, pour conduire nos populations à l'amour et à la culture des arts.

Si l'emplacement du Lycée et des terrains qui le dominent, en faveur duquel nous réservons toutes nos préférences, ne pouvait, par le fait de raisons insurmontables, être utilisé pour le Palais des Arts, tel que nous l'avons conçu dans son organisation et tel que nous l'avons décrit à plusieurs reprises, et s'il fallait ainsi rechercher d'autres positions, en voici quelques-unes qui nous paraissent remplir, à peu près, les conditions désirables.

Dégagé de tous côtés par de grandes voies, le Petit-Séminaire offrirait un emplacement favorable pour l'établissement d'un monument qui formerait une belle perspective à la ligne des Boulevards et que l'on apercevrait à chaque instant en passant des Allées à la rue Noailles. C'est à ce point, il est vrai, qu'au moyen d'un grandiose perron devrait figurer l'entrée de la Gare; mais cette amélioration, si vivement désirée et maintes fois réclamée, ne s'effectue pas; peut-être même pourrait-on la combiner avec la construction d'un immense édifice, sur les deux ailes duquel se dégageraient des escaliers et des rampes. Il y aurait lieu alors de faire concourir l'administration du chemin de fer à la dépense générale. Qui sait, de plus, s'il n'entre pas dans les vues de cette administration de rebâtir, dans un temps donné et peu éloigné peut-être, la gare sur de plus vastes proportions, de la changer de place ou du moins d'en modifier les abords. Dans ce cas, et suivant les plans projetés, on pourrait, sans remords, poursuivre l'idée que nous proposons.

Pour ce qui touche le Petit-Séminaire, il cesserait de remanier péniblement ses vieilles constructions et il se transporterait en un lieu plus vaste et mieux aéré.

On a souvent dit que le Musée devrait s'élever au centre des Allées, sur le grand îlot en forme de triangle qui se développe entre cette belle promenade et le boulevard Dugommier. Si cette position paraissait heureuse, aurait-on besoin, pour le moment, d'une superficie de terrain aussi étendue et partant aussi coûteuse? Le local de la Faculté des Sciences, agrandi par l'adjonction des immeubles attenants, suffirait pour commencer le monument que l'on poursuivrait plus tard, au détriment des maisons suivantes, et à mesure que nos galeries et nos collections prendraient plus d'extension. Il est bien entendu que ces agrandissements ultérieurs seraient prévus pour ne pas compromettre l'ensemble architectural. Une fois le monument terminé, on le dégagerait, au couchant, par une grande rue qui irait des allées de Meilhan aux allées des Capucines et sur laquelle s'étendrait une vaste façade. Personne, bien certainement, ne regretterait la disparition d'une construction aussi disgracieuse que la Faculté des Sciences, et ce serait une occasion favorable de grandir encore l'importance de notre Palais des Arts, en y plaçant les salles destinées aux cours des deux Facultés.

De l'autre côté des allées de Meilhan, sans l'étroite façade qu'il aurait sur la promenade, le Palais des Arts trouverait un bel emplacement entre les rues Sénac et Curiol. Mais comme cette île de maisons a une immense profondeur, ce ne serait pas le terrain qui manquerait, et il resterait encore, vers la rue Martin, assez d'étendue pour agrandir, dans la suite, le monument, tout en le faisant précéder d'une place.

Sur le parcours du boulevard qui doit relier le boulevard du Musée au cours Lieutaud et que l'on va bientôt ouvrir, assure-t-on, il ne nous semble pas impossible de découvrir une position avantageuse pour l'érection d'un splendide édifice. Ce serait ainsi entre le boulevard projeté et la partie supérieure du boulevard du Musée, vers les rues Neuve et Piscatoris, où les différences de niveau pourraient être fort bien utilisées par un architecte habile. En face, une grande rue se formerait pour venir tomber dans la rue Moustiers ou première Calade et mener directement au cœur de la ville, à la rue de Rome, à la rue Saint-Ferréol et à la rue Paradis.

Les vieux quartiers eux-mêmes, avec le travail de régénération qui va les transformer, nous donneraient sûrement des endroits admirablement situés, mais pour la plupart desquels il faudrait malheureusement attendre longtemps encore. L'emplacement qui, dans le plan d'ensemble adopté par la ville, nous a tout d'abord frappé et que l'on paraît, du reste, destiner à un monument, se trouve derrière le palais de la Bourse. Au nord de cet édifice, on établit une vaste et belle place, et c'est au fond de celle-ci, et avec l'intention d'avoir le pendant de la Bourse, qu'on laisse un grand espace pour la construction d'un édifice d'étendue égale, et où pourrait à merveille s'élever le Musée de notre ville. Ces deux palais, se dressant ainsi l'un en face de l'autre, sembleraient représenter l'heureuse et féconde alliance des arts et du commerce à Marseille (1).

La réalisation intelligente de ce projet, auquel on pourrait donner suite sans trop tarder, aurait de plus le mérite de contribuer puissamment à la régénération de la vieille ville.

Mais, enfin, quoique l'on fasse pour le choix du local, redisons une dernière fois, car on ne saurait trop insister là-dessus, avant une irrémédiable et fâcheuse détermination, redisons qu'il s'agit, avant tout, de concentrer, dans un seul édifice, toutes nos collections et tous nos établissements artistiques. — Ainsi donc, que les galeries de tableaux, de sculpture, les salles des antiques, des monnaies, le musée Puget, le musée Historique, la Bibliothèque, l'Ecole des Beaux-Arts, le Conservatoire de Musique se trouvent réunis dans un unique et majestueux monument.

Marseille, janvier 1862.

---

(1) Ce serait encore mieux la place de l'hôtel des Douanes.

TABLE.

www.ingramcontent.com/pod-product-compliance
Ingram Content Group UK Ltd.
Pitfield, Milton Keynes, MK11 3LW, UK
UKHW021827190726
13853UKWH00003B/1228

9 782329 572529